KB083547

좌충우돌 외과 의사의

운동초보탈출기

이 홍 태

좌충우돌 외과 의사의
운동초보 탈출기

인쇄 1쇄 | 2023년 9월 20일
발행 1쇄 | 2023년 9월 25일

지은이 | 이홍태
펴낸곳 | 나비소리
펴낸이 | 최성준
출판등록 | 2021년 12월 20일
등록번호 | 715-72-00389
주소 | 경기도 수원시 경수대로302번길22
전화 | 070-4025-8193
팩스 | 02-6003-0268
원고투고 | nabi_sori@daum.net
상점| www.nabisori.shop.
살롱| blog.naver.com/nabisorisalon
인스타| instagram.com/nabisoribaby

ISBN | 979-11-92624-87-7(03690)

메이드마인드는 나비소리 출판사의 고유브랜드입니다.

책 값은 뒤표지에 있습니다.
파본은 구입처에서 교환해 드립니다.

검인생략

nabisori

Your beginnings will seem humble,

so prosperous will your future be.

추천의 글

오클래스 오 영 환

　　철인3종을 하시는 동호인분들은 모두 각자의 직업이 따로 있습니다. 다양한 직업을 갖고 계신 분들이 일종의 취미 활동으로 시작한 운동으로 가볍게 볼 수 있지만 저를 포함한 철인을 하시는 분들 상당수가 진심으로 이 운동을 합니다.

　　먼저, 국내 오픈 수영, 사이클, 마라톤 시합을 섭렵하고 국내 철인3종 시합을 짧은 코스인 스프린트나 올림픽코스 또는 3명이 함께 팀을 이루는 릴레이 시합으로 시작합니다. 이후 아이언맨 코스라 불리는 수영 3.8km, 사이클 180.2km, 마라톤 43.195km인 풀코스 완주를 목표로 하여 점점 성장을 하게 됩니다.

　　국내시합도 멋진 시합이 많지만 철인3종을 하면서 해외 여러나라의 휴양지에서 개최되는 여러 시합을 참가하게 되면서 시야가 넓어지고, 같이 참가한 철인들, 응원해주신 가족 및 친구들과 즐거운 추억과 함께 완주의 쾌감을 느끼며 진정한 철인으로 거듭나게 됩니다.

철인3종은 그 과정이 쉽지 않고 필요한 장비도 많고 시합을 참가하고 완주하는 과정이 가볍지 않습니다. 따라서 철인3종을 즐기는 분들이 늘어나고는 있지만 다른 인기스포츠들처럼 정보가 많지 않은 종목인데 이 분야에 이렇게 애정을 갖고 책을 출판해주셔서 진심으로 고마운 마음을 가득 담아 인사드리고 싶습니다.

이 책은 철인에 입문하는 분들에게는 좋은 지표가 될 것이며 이미 철인을 하시는 분들이라면 가보지 않은 시합에 대한 동경을, 그리고 참가한 시합에 대해서는 추억을 되새길수 있는 멋진 책입니다.

이홍태 철인님과 하와이 시합에서 같이 뛰며 좋은 인연이 되었는데 저자가 되어 출판하시는 책에 이렇게 추천글을 써드리게 되어 영광입니다. 좋은 길라잡이가 되어주어 많은 분들이 책과 함께 감동을 느끼셨으면 합니다.

추천의 글
철인3종경기 입문자 필독서

전 계명대 교수 강 승 규
KTS (철인3종경기사랑방) 운영자

철인3종경기는 한 종목도 아니고 3종목, 아니 근력운동과 같은 보조운동까지 하자면 시간과 열정이 없으면 불가능합니다. 게다가 장비 역시 적지 않은 비용이 들어가기에 누구나 쉽게 도전할 수 있는 종목은 아닙니다. 따라서 바쁜 직장인들은 시간을 효율적으로 쪼개서 운동하면서 자신의 업무와 가정에도 소홀히 할 수 없을 것입니다.

저자는 바쁜 외과의사로 근무하면서 소위 '몸짱'에서 남들이 부러워하는 '몸짱'으로 변모하는 과정을 시기적으로 나열하고 있습니다. 또한 자신이 겪어왔던 경험을 과학적인 자료 및 사진과 함께 제시하면서 초보자들도 따라할 수 있게끔 이해하기 쉽게 기술하고 있습니다.

본인이 철인3종경기에 입문했던 25년 전에는 아무런 참고할 만한 자료가 없어 수많은 시행착오를 겪어야 했고, 해외사이트에서 도움이 될 만한 정보가 있으면 KTS를 통해 동호인들에게

좌충우돌 외과 의사의 **운동초보탈출기**

알리는 정도였습니다.

운동보조기구라곤 초시계 기능이 있는 손목시계를 이용하는 정도였지만, 요즘에는 과학적인 운동보조기구가 너무도 많아 격세지감을 느낍니다. 운동보조기구가 너무 많고 다양하기에 이를 익히는 것조차 쉽지 않은데, 저자는 이를 본인의 경험을 바탕으로 알기 쉽게 사진과 함께 설명함은 물론 제품 비교까지 함으로써 초보자들이 쉽게 이해할 수 있을 것입니다.

예기치 않았던 시행착오와 무지는 많은 부상을 수반하게 되는데, 저자가 제시한 과학적인 방법으로 운동을 시작한다면 보다 효율적으로 인류 최후의 스포츠인 '철인3종경기'를 즐길 수 있을 것으로 판단됩니다. 이 책은 본인의 경험을 바탕으로 효율적으로 운동할 수 있는 방법을 제시하기에 입문자들을 위한 필독서로 손색이 없다고 판단됩니다.

머 리 말

이 책은 운동에 정말 문외한인 평범하디 평범한 일반인이 자전거 출퇴근부터 운동을 시작하게 되는 남들과 똑같은 이야기를 다루고 있다. 체중을 조절하기 위해 자전거 출퇴근부터 시작을 하였고, MTB로 동네 뒷산도 오르며 자전거 타기를 즐기다 본격적으로 운동을 하게 되었다. 달리기를 시작하게 되면서 마라톤에도 입문을 하였고, 오리발을 신고 바다수영 동호회에도 쫓아다녔다. 아무것도 모르다 보니 경험이다 생각하고 2월의 추운 겨울 차다찬 바닷물에 몸을 담갔던 기억은 아직도 강렬하게 남아있다. 당시로는 도무지 이해할 수 없는 지리산을 오르는, 내 기준에서는 등산을 해야 할 곳을 뛰어다니는 트레일런도 경험을 해보며 이런 세상도 있구나 했었다.

이런저런 경험을 하면서 '할 수 있는건 다 해보자'라는 마음으로 철인3종 운동도 하게 되었다. 그동안 내가 살아보지 못한 세상에서 많은 것을 경험할 수 있었다. 이제는 꾸준한 운동이 왜 필요하고 체중을 조절하기 위해서 어떻게 해야 할지 남과 대화를 할 정도는 된 것 같다. 뭔가 물어보기는 애매한데... 너무 기초적인 것 같기도 하고 대답해 줄 사람도 없을 그런 궁금증들에 포커스를 맞추어 책을 썼다.

양말은 무엇을 신어야 할지, 신발은 어떤 것을 골라야 할지 정말 아무 것도 모르는 상태에서 시작했고, 심지어 마라톤 하프 코스가 20km인 줄 알고 뛰기도 했으며, '마라톤의 벽'이라는 것을 아무도 가르쳐주지 않아서 첫 마라톤 대회에서 냅다 뛰다가 그대로 멈춰서기도 했었다. 몸으로 체득한 것을 하나하나 배워가며 기록해나갔다. 물에도 제대로 들어가보지 못한 왕초보가 어느새 맨몸으로 바다수영을 하게 되고, 200미터도 겨우 뛰던 왕초보가 풀코스마라톤을 완주해내었다. 전문가의 입장에서 보면 별 것 아닐 수도 있을 팁들. 그런 팁들이 모든 것이 처음인 왕초보에게는 하나하나 소중했던지라 그 기록을 공유하고 싶어 책을 쓰게 되었다.

현재는 운동에 대한 체계적 관리가 가능한 철인3종 아카데미에서 훈련을 받고 있는데, 나태해지지 않고 운동을 이어나가려면 이런 도움을 받는 것도 좋은 것 같다. 클럽이나 동호회도 좋은데 이렇게 혼자 운동하는 것보다 함께 할 수 있는 장소가 있으면 운동 지속성의 부분에서는 큰 도움이 된다. 최근에 철인3종대회 준비차 아카데미에서 사전답사를 가고, 때마침 체육회 실업팀이 훈련을 와서 팀원들과 함께 자전거를 탈 기회가 있었다.

코치님의 지도하에 하나하나 절차에 맞춰서 주로를 둘러보고 시험주행도 하면서 마치 내가 프로선수가 된 것 같은 착각이 들었다. 어줍잖지만 이런 기분이 드는 것도 좋은 것 같다. 왜냐하면 이런 것들이 모두 운동을 지속하게 해주는 훌륭한 동기부여가 되기 때문이다. 이 자리를 빌어 그동안 많은 도움을 주셨던 BSTA Busan Sajik Triathlon Academy 주현규 코치님께 감사의 마음을 전한다.

　　그리고 새벽부터 운동을 나간다고 부시럭거려 잠을 깨우기가 다반사, 그럼에도 불구하고 물심양면으로 지원을 아끼지 않은 아내와 두 딸에게 항상 감사한 마음을 전하고 싶다.

저자

2023년 영도 월드트라이애슬론컵에서 한·일친선교류전의 멤버로 참가하여 함께 훈련하였다.

2022년 6월 고성 70.3 대회

차례

01 chapter

자전거를 타다_ 018

02 chapter

달리기를 시작하다_ 068

03 chapter

수영을 하다_ 102

04 chapter

철인 운동에 도전하다_ 132

본격적인 운동의 세계로_ 152

마침내 완주를 해내다_ 208

서 론

나이 마흔이 될 때까지 운동을 한 번도 안 해본 사람이 관련 지식이 전무한 상태에서 살을 빼려는 목적으로 자전거부터 시작하여 시행착오를 겪어가면서 하나하나 배워갔다. 운동초보를 탈출해보려고 이것저것 하다보니 결국 철인3종경기 대회에까지 나가게 되었다. 유산소 운동을 하다보니 결국 철인3종 운동까지 이르게 된 것이다.

이런저런 대회에 나갈 수 밖에 없었는데 처음에는 굉장히 낯선 풍경들이었다. 중고등학교, 대학교 그렇게 치열하게 살아오면서 어느덧 경쟁이라는 것에 넌덜머리가 나서 아무런 경쟁을 하고 싶지 않았기 때문이다. 그래서 필히 경쟁일 수 밖에 없는 대회에 또 나가서 남들과 경쟁을 해야한다는 것은 부담이 될 수 밖에 없었다. 하지만 시간이 지나 돌이켜보면, 그 경쟁을 즐기지 않으면 발전 또한 없다는 것을 깨닫게 되었다. 그리고 그 경쟁은 남과의 경쟁이 아니라 나 자신과의 경쟁이라는 것도 알게 되었다.

지금은 그러한 대회의 풍경이 더 이상 낯설지가 않고 오히려 즐길 수 있는 여유를 가지게 되었다. 시간이 흐르니 살이 빠진 새로운 신체 뿐만 아니라 다른 세계를 바라보는 시각도 가지게 된 셈이다. 누구나 도전할 수 있고, 완주할 수 있는 세계에서 나 자신과의 경쟁을 즐겨보았으면 한다.

01 chapter

"

자전거를 타면서 내가 가장 해보고 싶었던 것은 영화 포레스트 검프
Forrest Gump 에 나왔던 모뉴먼트 밸리 Monument Valley 의 그 쭉뻗은 도로
에서 자전거를 타고 달리는 것이었다. 미대륙에서의 라이딩은 언젠
가는 꼭 해보고 싶은 버킷리스트이다.

자전거를 타다

철인3종의 성지인 하와이 코나에서 라이딩을 하게 되었을 때도 진심으로 행복하다는 감정을 느낄 수 있었다. 아름다운 경치 속에서 페달을 밟고 나아가며 마주하는 시원한 바람은 축복이다. 더이상 페달링은 힘들지 않고, 가쁜 호흡도 어느새 잦아들며, 구름 위에 떠있는 기분을 느끼게 된다.

2022년 6월, 하와이 코나

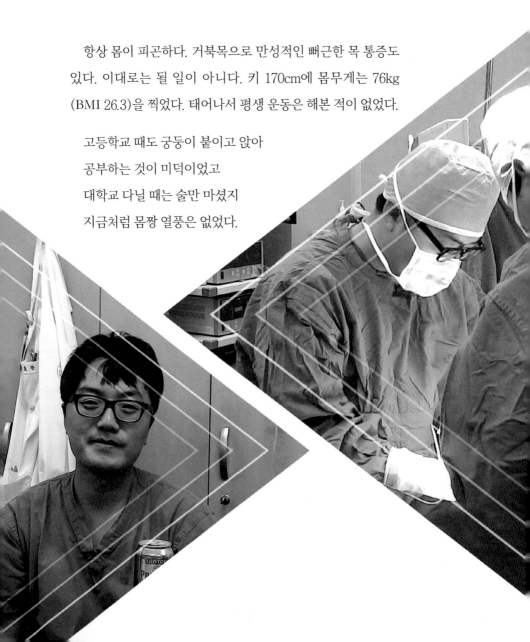

01-01

자전거의 시작

항상 몸이 피곤하다. 거북목으로 만성적인 뻐근한 목 통증도 있다. 이대로는 될 일이 아니다. 키 170cm에 몸무게는 76kg (BMI 26.3)을 찍었다. 태어나서 평생 운동은 해본 적이 없었다.

고등학교 때도 궁둥이 붙이고 앉아
공부하는 것이 미덕이었고
대학교 다닐 때는 술만 마셨지
지금처럼 몸짱 열풍은 없었다.

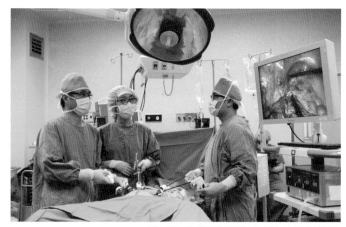

전문의가 될 때까지 한번도 운동을 한 적이 없었다.

인턴, 레지던트, 펠로우를 거쳐 봉직하게 된 당시까지도 술 먹는 데는 귀신이었지만, 운동과는 전혀 가깝지 않았다. 하지만 봉직 생활을 시작하게 되고 생활이 규칙적으로 되며, 나이가 들기 시작하자 걱정이 되기 시작했다. 허리는 36인치까지 찍었으니…, 이제 뭔가 운동을 좀 해봐야 할 것 같다는 위기감이 들었다.

언뜻 생각이 들어 자전거를 구매하기로 했다.

집 근처 삼천리자전거 매장에 가서 거금 50만 원을 주고 자전거를 샀다. 이 자전거를 타고 대략 하루에 편도 13km 정도의 거리를 출퇴근하기 시작한 것이 나의 첫 운동이었다.

나의 첫 자전거 삼천리 아팔란치아 칼라스

당시에는 사람들이 100만 원이나 넘는 자전거를 타고 다니는 게
너무 신기하기도 했다. 한 번은 삼천리 자전거 매장에서 검은색의
멋진 프레임을 가진 자전거를 조립하는 사장님에게 물어보았다.

"대체 이런 자전거는 얼마인가요?"
"150만 원"

당시 나에게는 충격이었다. 50만 원도 비싸다고 생각했는데, 150
만원이라니. 지금 돌이켜보면 내 자전거는 족보가 없는 것이었다.
정확히 분류하자면 유사 MTB ^{mountain bicycle, 산악자전거} 였다. 나 또한
운동 관련 지식이 전혀 없었다. 무엇부터 해야 할지 전혀 모르는 상
태로 유사 MTB를 타고 뒷산도 올라보고 자전거 도로를 타고 인근
까지 다니기 시작했다. 한 번은 내 기준으로는 매우 장거리에 나섰다.

입문용으로 잘 타고 다녔던 메리다 스컬트라 100

　　무려 40km 거리. 고개를 하나 오르는데 어찌나 힘들었던지 자전거에서 내려 거의 끌바(자전거를 끌고 가는 것)를 했었다. 그러다 이번에는 로드도 한 번 타보자 싶어서 메리다(대만 자전거 브랜드)에서 입문용 로드자전거 road bicycle, 도로용자전거 스컬트라 100을 추가로 구매했다. 당시 금액으로 69만 원이나 하는 매우 비싼 자전거었다. 그렇게 유사 MTB와 입문용 로드 자전거로 자전거 생활을 시작하게 되었다.

술을 워낙 좋아하다 보니 도저히 끊을 수가 없었다. 게다가 병원에서 받는 스트레스를 저녁에 시원한 술 한잔하면서 풀면 어찌나 좋던지 그렇게 술은 매일 마시지만 자전거 출근 또한 매일 하는 것을 원칙으로 했다. 한겨울 영하 9도를 기록한 날씨에도 옷을 꽁꽁 껴입고 자전거 출근을 했으니, 크게 운동을 배워서 훈련하지는 않았어도 꾸준하게는 했었다. 자전거 출근만 줄곧 하다 보니 무료함을 느껴 동호회에도 가입하게 되고, 한두 번 라이딩 모임에 나가다 보니 눈이 높아져서 진짜 MTB도 사게 되고 중급기의 로드도 사게 되었다.

모든 자전거 애호가가 그렇듯 처음에는 휴대전화로 위치추적을 하는 앱을 켜고 호주머니에 넣고 다녔다. 그러나 휴대전화 거치대를 자전거에 부착해서 타다가 결국 '가민'(GPS를 이용한 운동용 기록기기)이라는 자덕세계의 종착지에 이르게 되었다.

추운 겨울에도 여러 겹 껴입은 옷 안에 핫팩까지 붙여가며 자출을 했다.

좌충우돌 외과 의사의 운동초보탈출기

국토종주에 나서다

이때쯤 국토종주라는 것을 알게 되었다. 예전 4대강 사업의 일환으로 자전거 도로가 함께 생기면서 국토종주 여행코스가 만들어졌다. 국토종주를 재미있게 하려면 우선 국토종주수첩이 필요한데, 국토종주코스의 지점마다 인증센터를 만들어 인증도장을 찍을 수 있고 각 코스마다 인증을 모두 받게 되면 완주인증서도 발급받을 수 있다.

수첩은 우리강 이용 도우미 www.riverguide.go.kr 라는 사이트에서 구매할 수 있고 인증센터 관련해서도 문의를 할 수 있다. 인증센터에도 수첩을 판매하는 곳이 있긴 하다. 그리고 수첩과 함께 휴대전화 앱을 자주 이용하게 되는데 자전거행복나눔 www.bike.go.kr 이라는 곳에서 확인하면 된다. 아이폰과 안드로이드용 앱을 내려받아서 휴대전화에 설치하면 된다.

※ 요약하면

1. 우선 국토종주수첩을 구매한다.

2. 자전거 행복 나눔 앱을 휴대전화에 설치한다.

3. 수첩의 시리얼넘버를 우리강 이용도우미 웹사이트에 등록한
   다. → 인증센터에서 확인 메시지가 옴(인증센터에 내 시리얼
   이 등록된다고 생각됨)

4. 마찬가지로 시리얼넘버를 자전거행복나눔 앱의 시리얼넘버
   입력하는 곳에 등록한다(앱에 ID가 입력되어 활성화된다고
   생각됨).

이렇게 하면 아날로그(수첩)와 디지털(앱) 국토종주수첩 준비
가 완료된다. 각 웹사이트는 따로 운영되므로 가입도 각각 해야 한
다. 아이디를 통일하는 게 나중에 헷갈리지 않겠다. "수첩관련은 우
리강 이용도우미, 앱은 자전거행복나눔" 이렇게 구분해서 기억하
면 헷갈리지 않는다.

인증은 어떻게 하면 되는가?

각각의 코스의 끝부분은 유인인증센터로 이루어져 있고, 그 외의
코스는 무인인증대로 보면 된다. 여기서 종주수첩에 인증도장을 찍

》》Tip

1. 종주길을 가면서 차례대로 인증대에서 수첩에 도장을 찍거나 휴
   대폰 QR 코드 촬영(사이버인증)을 하면서 가면 된다.
2. 종주길의 양 끝은 보통 유인인증센터이다.
3. 해당 종주길의 유인인증센터에서 종주인증을 못 받아도 타 인증
   센터에서 종주인증이 가능하다.

자전거행복나눔 앱으로 사이버인증을 하면
웹사이트에서도 인증기록을 확인할 수 있다.

인증수첩이 없어도 웹사이트에서
구간별 종주기록까지 확인가능하다.

무인인증대마다 직접 인증도장을 찍은 수첩

사이버인증을 할 때 사용하게 되는
무인인증센터에 있는 QR코드

거나 휴대전화 앱으로 사이버 인증을 하면 된다. 유인인증센터에서
는 종주완료 시 확인 후 스티커를 붙여준다. 가끔 보면 유인인증센터
가 매우 불친절한 때도 있는데 아무래도 인력의 문제인 것 같았다.

>>Tip

무인인증대에서 인증이 불가할 경우(도장이 문드러져 알아보기 힘
들거나 도장액이 없거나 한 경우) 반드시 사람과 자전거와 인증센
터 이름이 나오는 사진을 촬영해놓자.

한 유인인증센터가 아침 9시에 문을 열고, 쉬는 날은 월요일인 것을 확인하고 일요일 아침 10시에 방문을 했는데 인증센터 역할을 하는 작은 슈퍼에 할머니만 덩그러니 앉아계셨다. 인증받으러 왔다고 하니 인증하는 사람은 없고, 언제 올지 모른다고…, 우리가 공무원도 아닌데 자리를 어떻게 지키고 있겠냐며 성토하기도 하셨다. 그래서 그곳에서 코스의 인증을 받지 못하고 다른 인증센터에 가서 도장을 받은 적이 있다.

도장을 찍을 때 도장이 문드러져서 도무지 알아보기 힘들 때도 있고, 도장액이 말라붙은 곳도 있고 앱으로 인식할 때는 주변 40m 이내 접근시 자동인증(사이버인증기능)도 되는데, 인증대의 위치 변경으로 안 될 때도 있고 QR코드 인식이 도무지 안 될 때도 있다. 하지만 어려움을 극복하고 인증도장을 받을 때는 그래도 기쁨이 컸으니 이럴 때는 자신과 자전거와 인증센터 이름이 잘 나오도록 함께 사진을 꼭 찍어두고 자전거행복나눔 센터에 전화 연락하면 원격으로 앱에 인증시켜주었다.

배알도 수변공원 무인인증센터

종주수첩에 찍은 첫 인증도장

첫 국토종주, 섬진강 종주길

종주길의 첫걸음은 자전거를 시외버스에 싣는 것부터 하게 된다. 아무래도 편도로 이용을 하게 되니 시외버스에 싣는 것이 가장 간편하다. 다른 경우로는 국토종주에 특화된 관광버스업체들이 있어서 여길 이용하면 더 편하게 할 수 있다. 하지만 시간과 장소 선택을 자유롭게 하려면 혼자 떠나는 편이 낫다.

자전거를 시외버스에 싣는 방법은 집에서 못 쓰는 옷가지를 가져와서 좌측 드롭바, 안장, 좌측 페달, 좌측 바퀴 QR레버 두 군데. 총 다섯 군데를 보호하면 되고 고무줄을 사용해서 고정하면 된다. 그리고 시외버스 짐칸에 수납해놓으면 스크래치에 대한 걱정은 하지 않아도 된다. 하지만 한두 차례 종주길로 다니고, 자전거도 어느 정도 중고가 되어가기 시작하면서 점점 자전거 보호에 크게 신경을 쓰지 않게 되었다.

시외버스 짐칸은 공간이 넉넉해서
자전거를 싣는 데 무리가 없다.

국토종주때는 자전거에 2~3개의 수납백을 설치한다.

처음으로 국토종주를 나섰을 때의
기쁨은 이루 말할 수 없이 컸다. 모든
것이 새로운 경험이다 보니 힘든 줄도
모르고 탔던 것 같다. 나는 배알도부터
시작해서 종주에 나섰는데 시간상 남
도대교 인증센터에 도착했을 때 식사
시간이 딱 맞았다. 남도대교 입구에

1만원짜리 재첩국

서 아주머니가 나와서 호객행위를 하는데 무려 1만 원짜리 재첩국
이었다. 밥 먹으러 먼 곳을 돌아가기 뭣해서 그냥 아침식사를 했다.

횡탄정에서 향가유원지에 가는 동안 문제가 생겼다. 아마 다른
종주길도 마찬가지일 듯한데 중간에 보급이 불가능했다. 자전거 종
주길에 많은 짐을 들고 다닐 수 없으므로 필요한 음식과 물을 중간
중간 잘 보급해야만 했는데 미처 예상하지 못했다. 구례 시내의 버
스터미널 근처 편의점에서의 보급을 마지막으로 편의점 비슷한 것
도 못 보았다. 횡탄정에서 한참을 가다 보니 물통에 물은 떨어지고,
날은 덥고, 약간 일사병이 오려고 하는데 눈을 감았다가 뜨면 응급
실 천장을 바라보고 있을 각이었다. 목이 마른데 향가유원지까지는
어쨌든 꾸역꾸역 가야 하니 위험을 무릅쓰고 초코렛바를 하나 꺼내
서 먹었다. 목도 마른 상태에서 달아서 안 먹으려고 했는데 힘까지
빠지니 어쩔 수가 없었다.

다행히 향가유원지 가기 전에 있는 간이매점을 발견해서 물과 이온
음료를 마시며 겨우 버텨냈다. 첫 국토종주길이었던 섬진강 종주는
149km였는데 당시 나로서는 상상초월의 거리였다. 의료현장 속에서만
살던 나에게 진료실 밖의 세상은 새롭게 다가왔고 즐거운 일이었다.

가민이 대체 뭐야!

누가 그랬다.
"뭘 쓰시던 간에 곧
가민(GARMIN)을 사시게 될 겁니다"
그렇다.
기승전 가민

속도계로는 전혀 불편함 없이 잘 사용하던 일반 속도계
(시그마 STS 16.12)에도 불구하고 오르막에 있어서의 심박수도 궁금하고,
오르막에서 얼마나 케이던스가 유지가 되는지 그런 자료들이
하나둘씩 궁금해지기 시작했다.
그리고 가민에 대한 마운트들도
많이 지원이 되므로...
게다가 20% 할인이라는
아주 매력적인 할인행사까지 하지 않던가!
결국 손에 쥐어들게 된 가민

다시 기승전 가민
정신을 차리고 보니 어느새 내 손목에 올려져 있는
Forerunner(손목시계형 가민). Edge(자전거용 가민)
이후에 또다시 가민(Garmin)에 손을 댈 줄이야...
이놈의 할인정책이 문제.
GPS를 이용한 스포츠웨어러블 제품들은
가민 이외에도 와후, 코로스, 폴라 등
여러가지가 있다. 그중에 가민이 내 주위에서
가장 많이 사용하는 제품이었다.

01-03

스트라바 STRAVA

스트라바 STRAVA 는 세계적으로 가장 유명한 자전거 라이딩 기록 앱이자 소셜 네트워크 서비스(SNS)이다. 달리기, 수영, 등산, 스키, 테니스 등 많은 운동에 대한 로그도 지원한다. 스트라바 외에도 트랭글, 오픈라이더, 산길샘, 릴라이브 등 여러 가지 유명한 앱들이 많다.

나는 처음에 엔도몬도라는 앱을 사용했고 나이키앱도 사용해보았다. 그러다 결국 여러 사람들이 모이는 스트라바를 쓰게 되었다. 특히 비콘 Beacon 기능에 대한 접근방식이 참 마음에 들었다. 매우 감성적이었는데 혼자 어두운 도로를 갈 때 이걸 켜놓고 비장한 심정으로 자전거를 타고 가기도 했었다.

스트라바의 기능 중 비콘(beacon), 내 위치를 실시간으로 전송해준다.

스트라바 아트(STRAVA ART). 스트라바 덕후가 되면 이런 짓도 한다.

출처 : strava.com

자전거도 블랙박스가 필요할까

내가 사용하는 CYCLIQ의 FLY.
전후면을 모두 장착하는 것이 좋으나 힘들다면 전면이라도 꼭 장착해야한다.

2명 이상이 같이 라이딩할 경우에는 그래도 좀 낫겠지만, 혼자서 라이딩을 하려 하면 언제나 좀 불안하다.

게다가 MTB로 아무도 없는 산을 누비는 것이 아니라 도로 위에서 언제나 차들과 함께 움직이다보니 아침나절에 조용한 도로를 달리다 보면, 인적이 드문 곳에서 지나던 차에게 테러를 당하는 상상도 가끔하게 된다. 실제로 시골길에서 뒤에서 접근하는 차가 정상적으로 주행하던 나를 위협적으로 밀어붙여서 큰 사고가 날 뻔했는데 블랙박스가 없었다면 매우 억울할 뻔한 경험도 있었다. 자전거용 블랙박스는 여러 가지 제품이 출시되어있는데 내가 생각하는 블랙박스의 선택요건은 다음과 같다.

신뢰성

이 부분이 가장 중요하다.

스펙이 좋은 중국제 제품을 사용한 적이 있다. 하지만 사용하던 중에 녹화 내용을 확인하기 위해서 체크를 해보니 출발할 때와 도착할 때의 영상은 있는데 중간 영상이 제대로 녹화되어 있지 않은 경우들이 수차례 있었다. 간담이 서늘했다. 이후로 그 제품은 처박아두고 사용하지 않았다. 만약 사고가 나서 확인했을 때, 이런 상황이 발생했다면? 제조사에서 제공하는 스펙은 더 이상 중요하지 않다는 것을 깨닫게 되는 순간이었다. 블랙박스의 제일 첫 번째 조건은 안정성을 바탕으로 한 신뢰도이다! 내가 예상했던 순간의 장면이 반드시 메모리카드에 남아있어야 한다.

녹화시간

로드라이딩을 하게되면 대부분 1~2시간으로 끝나지 않는다. 여기에서 액션캠과 블랙박스의 성격이 판이하게 달라진다. 최근에 국내 블랙박스회사에서 품질좋은 블랙박스가 나왔는데, 성향이 액션캠에 다소 가까운 것 같아서 아쉬웠다. 내가 생각하는 자전거용 블랙박스의 두 번째 조건은 바로 '녹화시간' 이다. 작은 블랙박스 안에 배터리까지 넣어서 발열과 러닝타임까지 조절해야하고, 어떨 때는 충격에도 견딜 수 있어야 하니... 자동차용 블랙박스보다는 훨씬 높은 기술력을 필요로 한다.

2022년에 새롭게 출시된 FLY. 예전보다 더 작아지고 기능이 개선되었다.

녹화품질

이 부분이 내가 생각하는 세 번째 조건이다.

사고가 나서 차량번호판을 확인해야 하는데, 떨림이 심해서 확인할 수 없다면 생각만 해도 암울하다. 어떤 사람은 저화질의 블랙박스로도 어차피 상황 파악되는 증거만 있으면 되지 않겠느냐고 하지만 실은 번호판을 확인해야 하는 순간도 꽤 있었다. 떨림방지기능도 들어가 있고, 실제 필드에서 주행했을 때, 도로에서 올라오는 진동 속에서도 화면 상태가 괜찮은지 꼭 한 번 확인을 해보아야 할 것 같다.

내가 실제 당한 사고도 우측 편 주행하는 자전거를 추월해가는 경우 차량이 1.5m의 거리를 두고 앞질러 가야 하는데, 안전거리를 확보하지 않고 그대로 밀어붙여 사고를 유발한 난폭운전이었다. 다행히 블랙박스가 그 차량의 뒷 번호판을 잘 잡아내어서 신고를 할 수 있었다. 그래서 녹화품질은 직접 필드테스트를 해보아야 한다.

01-05

평롤러의 세계

    평롤러 Roller Bike Trainers 를 처음 접해보고 깜짝 놀랐다. 너무 재미 있었다. 처음에는 겨우 핸들 잡고 유지하는 정도였다가 차차 TT바 (스키드바, 철인자전거의 더듬이처럼 튀어나온 핸들 부분)를 잡을 수 있었다.

    평롤러를 훈련하게 되면 한 발 페달링도 하게 되는데, 처음에 한 발 페달링을 할 때, 반대편 클릿 cleat, 페달에 신발을 고정하는 장치 을 빼는 순 간은 거의 공포였다. 그리고 처음 불혼바(황소뿔처럼 생긴, 철인자 전거의 아랫부분 핸들)를 잡고 있다가 위치를 바꾸어 TT바를 잡을 때도 마찬가지였다. 이 공포를 극복하고 평롤러에 조금씩 익숙해지 니 이 상황에 대한 생각이 바로 떠오른다.

    "요령과 믿음"

    두 가지가 필요한 것 같다.

    평롤러를 탈 때 기본적인 요령을 익혀야만 한다. 절대 변환하려 는 동작을 동시에 하면 안 된다. 불혼바에서 TT로 갈 때도 TT바에 서 불혼바로 갈 때도, 한 손씩 천천히... 클릿을 뺄 때도, 페달링 하는 상황에서 클릿을 빼면 안되고, 페달링을 멈춘 상태에서... 클릿을 끼 울 때도 페달링을 하는 상황에서 끼우는 것이 아니고, 페달링을 멈 춘 상태에서... 동작을 나누어서 해야지만 좀 더 안정적이다. 그리고

훈련장에 있는 평롤러   평롤러 훈련하는 모습

믿음이 있어야 한다. 불혼바를 양손으로 잡고 있다가 TT바로 건너
갈 때, 처음에 느끼는 그 공포감은 상상초월이었다. 균형이 무너져
바로 낙차할 것 같고, 실제로 처음에는 낙차도 했다.

초심자때 다른 분들이 평롤러에서 양 손도 놓고 타고 댄싱(서서
타기)도 친다고 하고 양 손 놓고 한 발 페달링까지 가능하다고 하는
이야기를 듣고 깜짝 놀랐다.

※ 평롤러 기본 사용방법
1. 브레이크 잡고
2. 한 손은 봉 잡고 클릿을 페달에 장착한다.
3. 체중은 안장에 싣고 상체에 힘을 빼고 발은 쉬지 않고 돌린다.

》Tip

1. 왼쪽 페달이 빠르면 자전거는 우측으로
2. 오른쪽 페달이 빠르면 자전거는 좌측으로
3. 불안할 수록 속도를 빠르게 하기

※ 주의점

1. 평롤러는 기어가 가벼워질수록 힘들다.
2. 바퀴의 회전수가 적어질수록 어렵다(중심잡기가 어려워진다).
3. 그래서 페달링의 일정한 리듬이 중요
4. 몸에 힘을 빼서 균형을 잡는 것이 중요

※ 평롤러 훈련의 장점

1. 케이던스 향상
2. 밸런스 향상
3. 페달링의 리듬감과 타이밍 향상

이런 것들이 필요하므로 평롤러 훈련을 하는 것이고 가벼워질수록 균형잡기가 힘들어지므로 균형을 잡으려면 상체 힘을 빼야 한다. 팔에 힘이 많이 들어가면, 누르는 힘이 많아지기 때문에 컨트롤하기가 어려워진다. 체중을 최대한 안장에다 싣고, 팔에 힘을 빼고 시선은 전방으로 향해야한다.

평롤러는 바람 저항이 없기 때문에 평속이 매우 높게 나오는데다, 바퀴 자체의 저항만 걸릴 뿐 따로 부하가 걸리지 않기 때문에 내 케이던스와 속력이 얼마나 나올지 재미삼아 해보는 것도 좋다.

> 자전거를 잘 탄다는 것은
> 얼마나 빠른 케이던스를
> 얼마나 무거운 저항으로
> 얼마나 오랫동안 유지할 수 있느냐

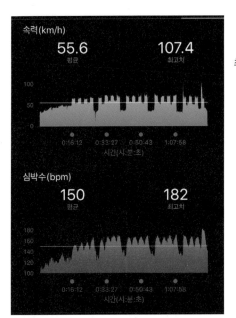

최고속력 107.4 km/h

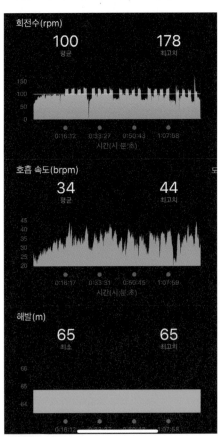

최대케이던스 179 rpm, 내 최고 속력과
최고 케이던스를 낼 수 있는 유일한 훈련장치가
평롤러일 것이다.

스마트 롤러란

잘 아는 동호인 분이 낙차로 병원에 실려갔다. 나름 큰 충격이었는데, 야외 라이딩에 대한 부담이 밀려오는 동시에 실내에서 안전하게 자전거를 탈 수 있는 방법에 대해서 고민을 하다가 스마트 롤러에 관심을 가지게 되었다.

인도어 트레이너의 역사를 간략하게 짚어보면 이전에는 평롤러 혹은 뒷바퀴 거치식 wheel on 고정 트레이너가 많은 비중을 차지했다. 그러다가 2015년부터 직결식 direct mount 트레이너가 유행하기 시작했다. 롤러나 뒷바퀴 거치식은 바퀴 그대로 올려놓는 방식이고, 직결식은 바퀴를 빼고 기기에다 고정하는 방식이다. 평롤러 같은 경우에는 층간소음을 일으킬 정도로 소음이 문제였지만, 직결식 트레이너로 넘어오면서 그 부분은 현저히 개선되었다. 초기에 엘리트사의 터보-무인 제품이 인기였다. 이후 파워미터가 보급되고, 결정적으로 즈위프트가 등장함으로써 많은 변화를 가져왔다.

현재 직결식 트레이너의 최상급 라인업은 탁스 네오 스마트, 와후 키커, 사이클옵스 해머 등이 있고, 그 외에도 탁스 플럭스, 엘리트 디레토, 엘리트 터보무인, 와후 키커코어 등 많은 제품들이 있다. 그중 탁스 네오와 와후 키커가 내 주위에서 가장 많이 사용하는 제품이다. 현실감을 높여주기 위해서 와후에서는 키커클라임이라고

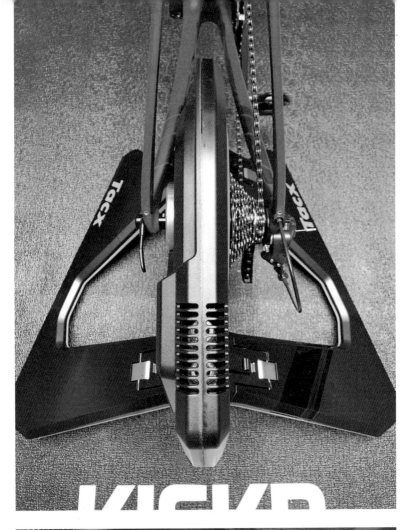

(좌상) 나의 두 번째 스마트 롤러 탁스 네오 스마트 2T
(좌하) 뒷바퀴를 빼고 고정하는 방식의 직결식 트레이너(direct mount trainer)

나의 첫 스마트 롤러인 와후키커와 키커클라임
즈위프트에서 업힐 시에 앞부분에 위치한 키커 클라임이 움직여 사실감을 높여준다.

와후 키커와 함께 자전거 앞부분에도 클라임 역할을 하는 트레이너 장치까지 나왔다. 이러한 스마트롤러를 온전하게 즐기기 위해서는 즈위프트, 루비 같은 프로그램이 필요한데 인도어 사이클링을 도와주는 가상 라이딩 환경 프로그램이다.

각 사이트에 들어가서 계정을 만들면 사용이 가능하다. 스마트 롤러를 태블릿이나 노트북 등과 연결 후 즈위프트같은 프로그램을 통해서 가상라이딩을 할 수 있게 된다.

태블릿을 사용하여 스마트 롤러를 이용할 수도 있다.

루비(Rouvy) 프로그램을 활용하여 라이딩을 하고 있다.

아카데미에서 즈위프트(zwift)를 사용하여 훈련하는 모습

01-07

즈위프트의 세계

즈위프트는 스마트 롤러와 자전거를 이용해 컴퓨터에서 가상으로 라이딩을 할 수 있는 시뮬레이션이다. 로블록스처럼 자신의 아바타를 꾸며 가상공간에서 활동하는 메타버스 게임으로 2014년에 출시되었다. 스타크래프트처럼 밋업 meet-up 기능을 통해 친구들과 함께 맵을 선택해서 경쟁을 할 수도 있다.

밋업 뿐만 아니라 가상의 라이더와 함께 자전거를 탈 수 있다.

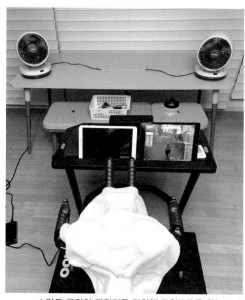

스마트 롤러와 자전거를 결합해 즈위프트를 하는 모습

즈위프트 런

즈위프트는 라이딩뿐 아니라 가상 러닝도 가능하다.

즈위프트에서 런팟이라는 일종의 동글을 판매하고 즈위프트 런이라는 장르를 만들어 냈다. 추운 건 괜찮지만, 비라도 오는 날에는 런닝머신이라도 오르면 좋겠지만, 아무런 코스 로그가 없는 무의미한 기록을 스트라바에 올리기엔 아무래도 부끄럽다.

그런데 즈위프트를 통해서 가상의 로그를 올릴 수 있으니 얼마나 매력적인가... 게다가 런팟 가격 또한 부담이 없으며, 공간의 제약도 없다. 헬스장에 내려가기만 하면 언제든 사용할 수 있는 런닝머신이 나를 기다리고 있다.

가상의 세계에서 달리는 모습

런팟

런팟을
신발에 장착하고
태블릿이나
휴대전화에
연동을 하면 된다.

파워미터란

　자전거의 파워미터는 내가 페달링을 할 때의 파워를 측정할 수 있는 부품이다. 관광 라이딩이라면 전혀 필요 없는 것이 파워미터이지만, 훈련을 통해 기량을 향상시키고 싶다면 필연적으로 사고 싶어지는 물품이다. 파워값을 얻어야 하기에...

1. 크랭크형
2. 페달형
3. 허브형

Assioma-shi 제품

기존 시마노 클릿페달에 장착이 가능한 버전이다.

형태는 크게 3가지로 구분되는데 대세는 크랭크형과 페달형이다. 페달형의 대표적인 모델은 가민 벡터 3 Garmin Vector 3, 파워탭 P1 Powertap P1, 파베로 아씨오마 Favero Assioma 등이 있다.

현재 내가 쓰고 있는 제품은 크랭크형의 쿼크제품과 페달형의 파베로 아씨오마이다. 특히 아씨오마는 이탈리아 제품인데 우노가 외발형모델, 듀오가 양발형 모델을 뜻한다. 켈리브레이션이 필요없고, 파워미터를 깨우는 과정이 필요 없어서 좋았다. 배터리 방식이 아니라 충전식이어서 편리하고 한 번 충전으로 50시간 동안 사용 가능하다. 기존 아씨오마는 룩 클릿 호환이나 현재는 시마노 호환도 출시되었고, 나는 시마노 호환되는 형태가 가성비가 좋아서 구입을 했다.

FTP란

FTP Functional Threshold Power 는 지속적으로 한 시간 동안 유지할 수 있는 최대 평균파워이다. 예를 들어 40k 타임 트라이얼을 60분 간 평균 파워 275W로 달린다면 FTP는 275W가 된다.

FTP는 파워가 수반되는 트레이닝의 핵심 요소이다. FTP를 통해 스트라바에서 선수에 대한 라이딩 강도를 결정할 수 있다. 나에 대한 300W는 트레이닝을 많이 하지 않은 선수의 300W와 현저하게 다르게 느껴질 수 있으며, FTP를 통해 나의 구간, 라이딩 또는 몇 주나 몇 개월 트레이닝 강도를 측정할 수 있다(출처 : STRAVA 용어집).

FTP를 측정하는 방법은 여러가지가 있으며, 이것을 몸무게로 나눈 값(w/kg)으로 하여 동호인들끼리 각자의 파워를 비교하기도 하고, 내 실력이 어느 정도 되는지 가늠하는 유명한 짤들이 인터넷에 많이 있다. FTP를 측정하기 위해 테스트를 하기 싫다면? 스포츠워치에서 알아서 리포트를 해주니 찾아서 참고하면 된다.

FTP는 자신의 훈련 성과에 대한
판단도구로 사용하고
현재와 미래의 내 퍼포먼스 차이를
비교하는 데 매우 도움이 된다.

사이클링 FTP	232 W	4월 18
무게	60 kg	12월 23

사이클링 FTP 평가	남성 (W/kg)
● 최상	> 5.04
● 매우 좋음	3.93 – 5.04
● 좋음	2.79 – 3.92
● 보통	2.23 – 2.78
● 훈련되지 않음	< 2.23

데이터가 누적되면 garmin connect(가민앱)에서 자동으로 계산해 준다.

01-10

🚴 riduck 라이덕

1 훈련상태

> 😊 점진적인 향상 (505)
> 🌰 체력 32, 피로 71, 균형 −39

👧 자유로운 훈련
🪨 적정강도 훈련, 지속성과 동기부여, 즐거움
🏘️ 프리 라이딩
📊 R파워 161, 강도 0.74, 훈련량 302

2 라이딩 종합

3 피크파워 분석

> ⚡ 15초 372w (84%)
> ⚡ 1분 249w (75%)
> ⚡ 2분 214w (72%)
> ⚡ 5분 194w (78%)
> ⚡ 10분 190w (79%)
> ⚡ 20분 183w (91%)
> ⚡ 1시간 169w (89%)
> ⚡ 2시간 164w (100%) 🏆 PR
> ⚡ 4시간 157w (111%) 🏆 PR

> ○ 1영역 16% (−22%)
> ● 2영역 47% (+12%)
> ◐ 3영역 24% (+10%)
> ○ 4영역 9% (+3%)
> ● 5영역 3%
> ● 6영역 1% (−2%)
> ◎ 7영역 0% (−1%)

4 파워영역 분석

어느 순간부터 귀여운 오리 아이콘과 리포트 내용들이 스트라바에 보이기 시작했다. 사람들의 로그에 데이터 분석이 나열되는데 이것은 파워미터 분석프로그램인 '라이덕' 이다.

파워미터를 통해 파워값을 얻었으면 이것을 활용해야 한다. 그래 프로 나온 것을 해석해야 하는데 이것을 도와주는 것이 파워미터 분석프로그램이다. 기존의 파워미터 분석프로그램은 즈위프트파워, 골든치타 정도로 알고 있는데 내용들이 어렵기도 하고 쉽게 접근하기가 힘들다. 사실 알고보면 나같은 사람이 알고자 하는 건 매우 단순한 사실 몇 가지 뿐인데 너무 거창한 면이 있었다. 반면 라이덕은 스트라바를 기반으로 데이터를 가져와서 분석을 한 후 리포트를 해주니 정말 보기가 편하다. 그것도 한글 기반!

현재 순위, FTP 가이드, 현재 훈련트렌드, 본인의 성향 및 역량 분석, 유명 코스에서의 PR 시뮬레이션, 훈련 영역 분석 등을 리포트 해준다. 무엇보다 자전거를 타기만 하면 알아서 한글로 이해가 쉽게 데이터들을 분석해준다는 점이 매력적이다.

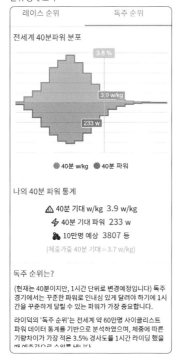

라이덕 홈페이지에 접속하면
추가적인 다양한 데이터를 볼 수 있다.

각각의 값에 대해 친절히 설명도 해준다.

나의 성향도 분석을 해준다.
나는 클라이머에 해당한다.

01-11

봉크 Bonk vs 크랙킹 Cracking

자전거를 타다보면 봉크라는 단어를 참으로 많이 쓰는데, 처음에는 정확한 의미를 알지 못했다. 다들 습관처럼 봉크, 봉크라고 말을 하는데, 이것을 정작 네이버 영어사전에서 찾아보게 되면

bonk (옥스퍼드 영한사전)

- 1. 명사 성교, 섹스
- 2. 명사 (…의) 머리를 치기, (…에) 머리를 부딪치기
- 3. 동사 성교하다, 성관계를 갖다
- 4. 동사 (…의) 머리를 툭 때리다, (…에) 머리를 툭 부딪치다

　미국식 [bɑːŋk]

　영국식 [bɒŋk]

좀 애매하다.^^;
물론 마이너한 의미로 찾으니 우리가 원하는 그 뜻이 있기는 했다.

bonk (국제영어대학원대학교 신어사전)

- 명사 봉크 현상(자전거를 타고 장거리를 가는 도중 체력이 소진되어 몸 상태가 갑자기 나빠지는 현상)

하지만, 주요한 어원은 아무래도 전자이다보니 모르는 사람들에게 말하다보면 아무래도 좀 그렇다. 그래서 정확한 표현이 없을까

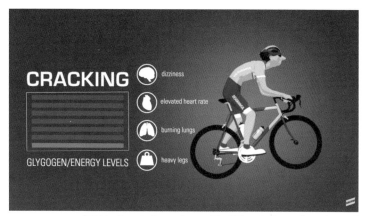

출처 : Le Tour de France for newbies@Tour de France (youtube.com)

하고 생각은 했는데, 우연히 투르 드 프랑스 관련 유튜브 로그가 떠서 보니 여기에 마침 해답이 있었다.

cracking (옥스퍼드 영한사전)

- 1. 명사 (무엇이 벌어져서 생긴) 금
- 2. 명사 (딱하고) 갈라지는[찢어지는] 소리
- 3. 형용사 英비격식 기막히게 좋은, 끝내 주는

　미국 · 영국 [ˈkrækɪŋ]

크랙이라는 단어를 봉크와 같은 의미로 사용을 하는 것이었다. 이에 관련해서 해외 커뮤니티에서 검색을 해보니 bonking과 cracking에 미세한 의미 차이는 두는 것 같았다.

　bonking은 주로 글리코겐 고갈, cracking은 완전 anergy (무력증, 무반응)에 무게를 더 두는 정도? 하지만 이들도 bonking에 대한 전자의 의미를 염두에 두고 농담을 던지는 것을 볼 수 있었다. :-)

따라서... 다른 사람에게 설명할 때는

Bonk 혹은 Cracking이라고 말한다

라고 설명해주는 정도면 훌륭할 것 같다.

자전거 피팅을 받아야 할까

자전거를 처음 살 때 안장높이, 핸들바 위치 같은 기본적인 피팅 이외에 전문적인 피팅을 받기는 어려웠는데 시간이 흐를수록 여러 가지 궁금한 점들이 생겼다. 어떤 식으로 TT바를 잡고 안장에는 어떤 식으로 앉아야 할지, 지금 취하는 자세가 맞는 것인지 명확하게 이야기해 주는 사람이 없으니 답답했다. 그래서 피팅을 받으러 가게 되었다.

피팅을 해주는 사람을 피터 fitter 라고 하는데 기본적인 신체측정을 한 후에 피터가 몇 가지 자세를 취해보게 한다. "전체적으로 근육상태가 그닥 좋지 않다. 특히 햄스트링과 둔근 쪽이 빈약하다. 일주일에 근력운동을 얼마나 하시냐"등 여러가지를 파악하고 피팅 전 동적 데이터를 먼저 모으고, 현재 상태에 대한 분석한다. 그리고 2차로 피팅 이후 동적 데이터를 얻었다. 이때 리툴 RETUL 이라는 프로그램을 사용했다. TT를 탈 때 안장의 어느 지점에 좌골을 놓을 것인지, TT바를 손으로 어떻게 파지할 것인지, 등과 목의 자세를 어떻게 할 것인지 교육도 받았고, 현재의 문제점에 대해서도 상담을 받았다.

이런 전문적인 장비를 이용하면서 현재의 문제에 대한 인식과 다른 사람들에게 듣기 힘들었던 기본 중의 기본 교육들, 페달링의 위

리툴(RETUL)을 통해 측정값을 얻고 있다.

치와 클릿의 미세 조정, 필요한 근력에 대한 보강운동법, 좀 더 올바른 방법으로 자전거를 탈 수 있는 방법에 대한 여러가지 조언을 얻었다. 해보니 피팅이라는 것은 어차피 한 번 딱해서 완성이 되지는 않고, 1차 조정 후에도 여러 차례 조정이 필요했다. 자전거를 본격적으로 타려면 아무래도 필요한 부분이라는 생각이 든다.

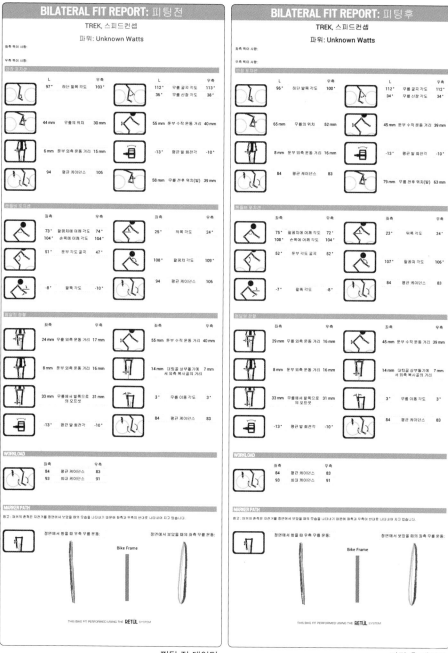

좌골결정 측정		
좌골 너비: **116**		

발	좌측	우측
앞꿈치 각도:	내반, 약	내반, 약
발의 구조:	중립	중립
아치:	높은 아치	높은 아치
발목 배측굴곡:	제한없음, 대칭	
발목 저측굴곡:	제한없음, 대칭	

다리	좌측	우측
하지축 정렬:		
하지축 정렬 2:		
슬건 유연성:	제한적인 움직임	제한적인 움직임
슬건 정렬:	**55**	**55**
둔부 **ROM**:	제한적	제한적
둔부 **ROM** 측정:	**105**	**110**
LLD 결과:		
경골 들기 비교:		
장경인대:		

몸에 부착한 여러 센서를 통하여 다양한 데이터를 수집하게 된다.

자전거도 보험이 필요할까

나는 야외 라이딩을 시작할 때부터 자전거 보험에 가입을 했다. 자동차보험과 같다고 생각을 하면 되는데 보통 상해사망 및 골절, 깁스, 응급실 내원에 대해 보장을 해준다. 보험은 말그대로 위험에 대비하고자 하는 것이므로 가입을 해놓는 것이 좋다. 특히 야외 라이딩이 많다면 내가 실수를 하지 않더라도 어떤 사고를 당할지 모르기 때문이다. 내 경우에는 낙차로 입안이 찢어져 응급실에 방문한 적이 있었는데 그때도 보험혜택을 받았다.

만기 환급형이 있다면 들어두면 꽤 괜찮지만 없는 경우에 1일 단위로 가입할 수 있는 상품도 있으니 보험은 고려하는 것이 좋다. 보험을 들어서 사고를 예방하는 미신(?)적 의미도 있으니 야외 라이딩 시에 가입해두면 심적인 도움이 상당히 된다.

일일단위 보험상품도 있다.

02 chapter

"

처음에는 200m도 겨우 뛰었는데 어느새 10km 달리기 대회에도
참가하게 되었다. 첫 출전의 두근거림은 아직도 잊히지 않는다.
거리를 점점 더 늘려 풀코스 마라톤을 뛰게 되었다. 그리고는 깨달
았다. 하프 마라톤의 2배가 풀코스 마라톤이 아니라는 것을...

달리기를 시작하다

10km도, 하프도 잘 달리는 사람은 많이 있지만, 풀코스 마라톤에서는 워밍업일 뿐이다. 마라톤은 30km부터가 시작이다.

믿을 건 내 두 다리와 심장뿐

2022년 6월, 하와이 코나

02·01

달리기의 시작

    살이 조금씩 빠지기 시작하고 주위에 조깅하는 사람들도 보여서 나도 뛰기 시작했다. 중고등학교 때 체력장 이후로 제대로 달려본 적은 없었다. 처음 달리기 시작했을 때는 200m쯤 달리다가 숨이 차서 100m를 걷는 식이었다. 그래도 자전거를 꾸준하게 탔던 것이 도움이 되었는지 달리는 거리가 조금씩 늘었다. 그러다 우연한 기회에 지인들과 참석하게 된 첫 대회.

첫 대회 출전, 2018년 10월 부산바다마라톤

    러닝을 시작하긴 하였지만 기록을 직접 재어주는 대회는 처음이었다. 이 대회는 광안대교를 건너는 코스였는데 10km를 신청하였다. 이 날은 날씨도 좋아서 수많은 사람들이 참석을 했는데 꼭 기록을 위한 대회라기보다는 이렇게 사람들끼리 어울릴 수 있어서 좋았던 것 같다.

    첫 10km의 기록 48분 21초. 정말 뿌듯했다. '내가 대회라는 것도 나가보는구나' 하는 자부심이 느껴졌다. 어차피 남들과 경쟁하려고 나간 것이 아니기에 내 상태를 체크하고, 다음에는 이 정도를 유지하던지 혹은 조금 더 나은 기록을 가져야겠다고 생각을 했다.

2018 부산바다마라톤
태어나서 처음 참가한 달리기대회

첫 대회에서의 기록

이후 수술실 직원이 마라톤대회에 같이 나가보자고 해서 두 번째 대회등록을 하게 되었다. 처음엔 10km인 줄 알았는데 하프코스였다. 한 번도 뛰어보지 못한 하프마라톤. 이 때 운동이란 것에 대해 얼마나 무지했냐면 완주라도 해야겠기에 대회 전 하프코스라는 것을 달려 보겠노라고 가민 시계를 틀어놓고 열심히 달려서 생애 최초로 20km를 찍는 순간 기뻐서 혼자 손뼉을 치며 편의점에 들러 음료수도 사먹고 로그 종료를 했는데...

스트라바에 하프를 달성했다는 메세지가 뜰 만도 했는데 뜨질 않았다. 혹시나 싶어 포털 검색을 해보았더니 하프코스가 21.1 km였다는 사실을 알고 혼자서 얼마나 민망했던지... 나는 무슨 생각으로 하프가 20km라고 믿고 있었을까? 얼마나 무식했던지 지금 생각해

보아도 어이가 없다. 당시 스트라바의 친구가 "집까지 걸어 들어갔으니 21km를 달린 것과 다름이 없다." 라고 위로를 해주었던 게 떠올라 더욱 웃음을 짓게 만든다.

❝ 하프 마라톤 21.1km ❞

❝ 풀코스 마라톤 42.195km ❞

첫 하프마라톤, 2018년 10월 제16회 부산마라톤

하프거리를 제대로 한 번 뛰어보지도 못하고 첫 하프마라톤에 도전하게 되었다. 로컬 마라톤이다보니 사람들이 많지는 않았다. 그리고 대회 운영이 다소 이상했다. 열심히 뛰고 있는데, 운영측이 가로지르는 차량 통제를 제대로 하지 못해 멈춰서야 하는 상황도 있었고, 두 바퀴를 연달아 돌아야 하는데 오고가는 사람들의 길이 정리가 되지 않아 뒤죽박죽이었다.

첫 하프마라톤인 16회 부산마라톤

그래도 이번에는 페이스 조절해서 실수하지 않고 뛰어야겠다고 생각해서 km당 5분대를 계속 유지했다. 기록은 1시간 47분 19초. 20대 초반의 수술실 직원과 함께 참가했는데 그 친구보다 빨리 들어오니, 아.. 대회가 꼭 1, 2, 3 등을 할 필요는 없구나.. 친구랑 같이 가서 내기해도 되겠구나 싶은 생각도 들면서 재미를 붙이게 되었다.

이렇게 첫 하프마라톤을 무사히 완주하였다.

02-02

일상이 된 달리기

일본 연수를 떠나서도 평소처럼 술만 마시고 시간을 보내는 것이 아니라, 도쿄시내를 관광 겸 조깅으로 뛰어다녔다. 자연스럽게 조깅이 일상화되었다. 큰 변화였다.

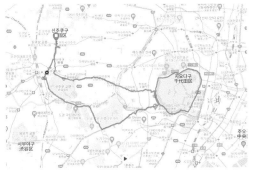

신주쿠 숙소에서
황궁까지 조깅으로
뛰어다녔다.

02-03

포어풋, 미드풋, 힐풋

달릴 때 다양한 패턴으로 지면을 차면서 달리는데 포어풋 forefoot,
미드풋 midfoot, 힐풋 heelfoot 의 세 가지 발 스트라이크가 있다. 장거
리 달리기에서는 보통 미드풋을 선호한다.

출처 : www.roadrunnersports.com

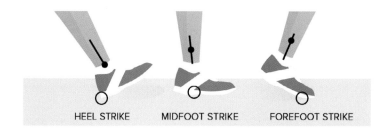

HEEL STRIKE   MIDFOOT STRIKE   FOREFOOT STRIKE

양말은 어떻게 신어야 할까

러닝 시에 양말은 매우 중요한 부분인데, 신발 다음으로 중요한 것 같다. 발쓸림을 방지하기 위한 여러 가지 방법이 있다. 어떤 사람은 신발 안에 바셀린과 파우더를 발라서 10km 거리까지는 맨발로 착용을 하기도 한다. 그러나 하프거리 이상 길어질 때는 모두 양말을 신는 것 같다.

러닝 시에 신발과의 마찰로 인해서 발생되는 여러 문제점을 보완하기 위해서 여러 기능성 양말이 많이 나와 있다. 발가락쪽으로 포커스를 맞추는 양말들은 발가락 물집을 예방하기 위해서 발가락이 모두 구분된 발가락 양말 형태를 지향하기도 하고, 쿠션 쪽으로 포커스를 맞추는 양말도 있다.

나같은 경우에는 쿠션감이 좋은 것이 우선이어서 두꺼운 양말을 선호한다. 대부분의 발가락 양말 스타일들은 양말 두께가 얇은 편이어서 한두 번 신어보고 포기했다. 그리고 신다보니 발목길이도 상당히 중요했다. 최소한 중목 이상의 양말을 사야 한다. 페이크삭스 신발을 신을 때도 있는데, 철인 표준코스 경우에 젖은 맨발이 신발과 마찰로 물집이 잡히고 찢어지는 경우가 많아서 양말을 신고자 궁여지책으로 선택한 것이 페이크삭스였다. 이런 경우에는 전환시간 transition time 을 최소화해야 하니 쉽게 걸쳐서 신을 수 있어야 하

중목양말

발가락 양말

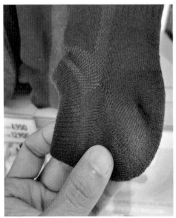

짧은 목의 양말을 신고자 할 때, 위의 두 사진에서 보듯이 단순 밴딩만 되어있는 것보다 뒷꿈치쪽으로 두툼한 천이 덧대어져 있는 것이 낫다. 목이 짧으면 힐컵 안으로 말려들어가서 발뒤꿈치가 까질 수 있는데 천이 덧대어져 있으면 말려들어가는 것을 막을 수 있다.

기 때문이다. 물론 맨발로 착용하는 사람들도 많다. 하지만 장거리 달리기에서는 시간이 좀 소요되더라도 멀쩡한 걸 신어야 한다. 중목이상의 양말이 필요한 이유는 힐컵이 자신의 발목과 잘 맞지 않는 경우도 있고, 의외로 장거리의 반복된 동작에 신발의 어퍼부분들이 발목부위를 자극해서 통증을 일으킬 수도 있기 때문이다. 그래서 최소한 힐컵의 높이 위에 위치하고, 양말이 말려 내려가도 신발에 영향을 받지 않을 정도의 높이가 되는 것이 대단히 중요한 것 같다. 그래서 양말은 반드시 본인이 신고 장거리를 달려보아야 한다. 신발과 마찬가지로 나에게 맞는 양말을 찾는 것도 일인 셈이다.

가민 포러너, 스포츠워치

운동을 할 때 사용하는 스포츠워치는 여러 회사의 제품이 있다. 가민, 순토, 폴라, 코로스, 와후 등 전문적으로 스포츠워치를 만드는 회사도 있고, 갤럭시워치라든지 애플워치에서도 스포츠워치의 영역을 넘보고 있는 실정이다. 이중 가장 대중적으로 쓰이는 것이 가민이고 가민 중에서 러닝이나 철인운동 등에 포커스를 맞추어 만든 제품이 포러너 제품군이다.

가민 포러너 955

스포츠워치와 일반워치의 가장 큰 차이점은 운동로그의 저장 여부에 있다. 스포츠워치는 GPS를 베이스로 하여 심박과 여러 가지 생체 데이터를 활용, 운동로그를 저장하고 그 데이터를 해석해줌으로써 운동에 도움을 주게 된다. 그래서 이제는 이런 스포츠웨어를 통해서 프로선수들이 얻는 데이터와 거의 유사하게 데이터를 얻고 해석할 수 있는 정도에 이르렀다.

가민 포러너 955 착용

	Forerunner 15	Forerunner 35	Forerunner 235	Forerunner 735XT	Forerunner 935
컬러 디스플레이			●	●	●
Auto Pause®	●	●	●	●	●
Auto Lap®	●	●	●	●	●
개인 레코드	●	●	●	●	●
Virtual Pacer™	●	●		●	●
심박수 기반 칼로리 계산	●	●	●	●	●
소모된 칼로리 계산	●	●	●	●	●
사용자 지정 가능 화면	●		●	●	●
고급 운동			●	●	●
가속도계		●	●	●	●
VO₂ Max 추정			●	●	●
복구 시간			●	●	●
레이스 예상			●	●	●
연결 기능		●	●	●	●
스텝 카운터	●	●	●	●	●
자동 목표	●	●	●	●	●

가민은 라인업에 따라서 기능을 차별화했다.

가민의 경우에는 고급라인으로 갈수록 데이터에서 해석해주는 범위를 넓힐 수 있고, 다이나믹 포드 같은 순정 엑세서리뿐만 아니라 STRYD 같은 써드파티 액세서리를 사용하게 되면 더 많은 데이터를 가지고 가공할 수 있어 훈련에 도움이 된다.

이런 데이터를 가지고 훈련효과에 대한 분석은 가민이 알아서 해주니 한 번 사용을 하게 되면 헤어나올 수가 없다.

	Forerunner 15	Forerunner 35	Forerunner 235	Forerunner 735XT	Forerunner 935
이동 바		●	●	●	●
수면 모니터링	●	●	●	●	●
페이스 알림			●	●	●
손목 측정 심박수	●		●	●	●
Connect IQ		●	●	●	●
고급 러닝 다이나믹				●	●
HRV 스트레스 테스트				●	●
Strava Suffer Score				●	●
스트라바 구간 실황				●	●
저잔 역치				●	●
수행 상태				●	●
무산소 훈련 효과					●
유산소 훈련 효과	●	●		●	●
훈련 부하					●
훈련 상태					●
					●

출처 : 가민 공식 판매사이트

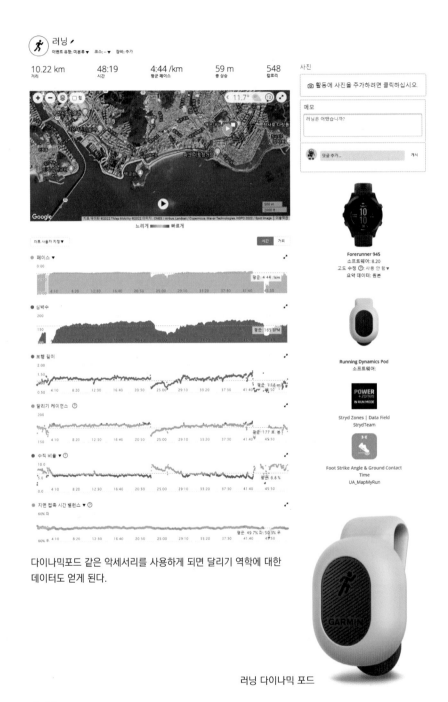

다이나믹포드 같은 악세서리를 사용하게 되면 달리기 역학에 대한
데이터도 얻게 된다.

러닝 다이나믹 포드

러닝데이터에 대한 해석

가민 매뉴얼
(http://download.garmin.com/kr/download/manuals/Forerunner935_KR_0A.pdf)

가민 러닝사이언스
(https://www.garmin.kr/minisite/runningscience/#ground-contact-time) 참조.

어찌보면 매우 복잡할 수도 있지만 훈련에 가민을 활용하다보면 여러 가지가 궁금하게 된다. 그중에 러닝역학에 대해 일부분만 발췌해보면 아래와 같다. 실제 훈련을 하다 보면 이런 부분들이 실제로 도움이 많이 된다. 수영에서도 스트로크 같은 데이터, 자전거에서도 페달링 역학에 관한 데이터를 얻을 수 있으니 실로 대단하다고 할 수 있다. 그래서 무얼 쓰던 간에 곧 가민을 사게 된다는 '기승전 가민'이라는 농담도 나왔다.

컬러 게이지 및 러닝 다이나믹스 데이터

5 필요한 경우 **UP**을 선택하여 러닝 다이나믹 데이터 표시 방법을 편집합니다.

컬러 게이지 및 러닝 다이나믹스 데이터

러닝 다이나믹스 화면은 주요 수치에 대한 컬러 게이지를 표시합니다. 사용자는 케이던스, 수직 진동, 지면 접촉 시간, 지면 접촉 시간 밸런스, 수직 비를 주요 수치로서 표시할 수 있습니다. 컬러 게이지는 러닝 다이나믹스 데이터를 다른 러너의 자료와 비교한 결과를 보여줍니다. 컬러 존은 백분위 (percentile)를 기준으로 하였습니다.

Garmin은 여러 가지 능력 수준을 가진 다양한 러너들을 연구하였습니다. 적색 또는 오랜지 존의 데이터 값은 경험이 적거나 느린 러너에게 일반적인 값입니다. 녹색, 청색, 보라색 존 안의 데이터 값은 좀더 숙련되거나 빠른 러너에게 일반적인 값입니다. 좀 더 경험 많은 러너는 경험이 적은 러너에 배하여 더 짧은 지면 접촉 시간, 더 낮은 수직 진동, 더 낮은 수직 비, 더 높은 케이던스를 나타내는 경향이 있습니다. 하지만 키가 큰 러너는 대개 약간 더 낮은 케이던스, 더 긴 보폭, 약간 더 높은 수직 진동을 가지고 있습니다. 수직 비는 수직 진동을 보폭으로 나눈 것입니다. 이 값은 키와는 상관이 없습니다.

러닝 다이나믹스에 대한 자세한 정보를 보려면 www.garmin.kr/minisite/runningdynamics를 방문하십시오. 러닝 다이나믹 데이터에 대한 추가적인 이론과 설명이 필요한 경우 저명한 러닝 관련 출판물과 웹사이트에서 찾아볼 수 있습니다.

컬러 영역	영역 백분위수	케이던스 범위	지면 접촉 시간 범위
■ 자주색	>95	>183 spm	<218 ms
■ 청	70–95	174–183 spm	218–248 ms
■ 녹색	30–69	164–173 spm	249–277 ms
■ 주황색	5–29	153–163 spm	278–308 ms
■ 적색	<5	<153 spm	>308 ms

적색, 오렌지 → 경험이 적거나 느린 러너

** 녹색, 청색, 보라색 → 숙련되거나 빠른 러너에 해당하는 값 **

더 짧은 지면 접촉 시간, 더 낮은 수직 진동, 더 낮은 수직비, 더 높은 케이던스일수록 숙련도가 높다.

** 케이던스는 163spm 이상을 유지하는 것이 좋다. **

지면 접촉 시간 밸런스 데이터

지면 접촉 시간 밸런스 데이터

지면 접촉 시간 밸런스는 사용자의 러닝 균형을 측정하고 총 접촉 시간의 비율로 나타냅니다. 예를 들어 화살표가 왼쪽을 가리키고 있고 51.3%라고 표시되면 러너의 좌측 발이 지면에 더 오래 머문다는 것을 뜻합니다. 만약 사용자의 데이터 화면에 두 개의 숫자를 모두 표시한다면, 예를 들어 48-52에서 48%는 왼쪽 발을 나타내며 52%는 오른쪽 발을 나타냅니다.

컬러 영역	적색	주황색	녹색	주황색	적색
대칭성	낮음	보통	좋음	보통	낮음
다른 러너의 비율	5%	25%	40%	25%	5%
지면 접촉 시간 밸런스	>52.2% L	50.8-52.2% L	50.7% L-50.7% R	50.8-52.2% R	>52.2% R

러닝 다이나믹스를 개발하고 테스트하는 동안, Garmin 팀은 특정한 러너의 상해와 큰 불균형 사이에 상관관계가 있음을 발견하였습니다. 많은 러너들의 지면 접촉 시간 밸런스가 50-50과는 차이를 나타내는 경향이 있었습니다. 대부분의 러닝 코치는 대칭적인 (균형잡힌) 러닝 자세가 좋은 자세라는 점에 동의합니다. 엘리트 러너들은 걸음이 빠르고 균형이 잡혀 있는 경향이 있습니다. 사용자는 러닝을 실시하는 동안 컬러 게이지 또는 데이터 필드를 확인하거나 러닝을 마친 다음 Garmin Connect 계정에서 결과의 요약을 확인할 수 있습니다. 다른 러닝 다이나믹스 데이터와 마찬가지로, 지면 접촉 시간 밸런스는 정량적인 측정값으로서 사용자의 러닝 자세를 확인하는데 도움이 됩니다.

"좌측과 우측의 지면 접촉 시간 GCT 사이의 밸런스를 모니터링하여, 러닝 시의 몸의 대칭성을 측정할 수 있습니다. Garmin 워치에서는 어느 발이 지면에 더 오래 접촉하는지를 나타내기 위하여 50%보다 더 큰 비율로 지면과 접촉하는 발을 좌측 또는 우측 화살표로 표시하여 지면 접촉 밸런스를 항상 알려줍니다. Garmin 워치와 Garmin Connect™의 컬러 게이지는 다른 러너들에 비하여 자신이 어느 정도 균형 잡혀 있는지를 보여줍니다."

"많은 러너들은 언덕을 오르내릴 때, 더 빠르게 운동할 때, 그리고 피로한 상태일 때 접지 시간 밸런스가 50/50으로부터 크게 벗어

나는 경향이 있는 것으로 보고되었습니다. 또한 일례로, 일부 러너들의 경우에는 신체의 상해가 신체의 불균형에 반영된다는 것을 알아내기도 하였습니다."

<blockquote>
** 걸음이 빠르고 균형이 잡혀있을수록 숙련됨을 보여준다. **

** 양쪽 모두 50.7% 이내로 맞출 수 있는 것이 좋다. **
</blockquote>

지면 접촉 시간

"이것은 러닝 중에 각각의 걸음이 지면에 접촉한 시간을 의미합니다. 지면 접촉 시간은 대개 매우 짧으므로 밀리초 단위로 측정됩니다. 사실 지면 접촉 시간은 특히 엘리트 운동 선수들에게서 짧은 경향이 있으며, 이러한 운동선수들은 지면 접촉 시간이 대개 200ms 미만입니다."

사실상 대부분의 경험 많은 러너들은 지면 접촉 시간이 300ms 미만입니다. 그 이유는 뛰어난 선수들은 오버스트라이딩 over·striding 하지 않고 발이 지면에 접촉하면 빠르게 발을 들어올리도록 학습되어 있기 때문입니다. 오버스트라이딩은 발을 몸의 앞쪽으로 많이 내밀어서 접지 순간에 제동력이 발생하고 지면 접촉 시간이 더 길어지도록 만드는 러닝 자세를 의미합니다."

<blockquote>
** 경험 많은 러너들은 300ms 이하로 된다. **
</blockquote>

수직 진폭과 수직 진폭률 데이터

수직 진폭과 수직 진폭률에 대한 데이터 범위는 센서에 따라 약간씩 달라지며 센서가 가슴 부위에 위치하는지 (HRM-Tri 또는 HRM-Run 액세서리) 또는 허리 부위에 위치하는지 (Running Dynamics Pod 액세서리)에 따라서도 달라집니다.

컬러 영역	영역 백분위수	가슴의 수직 진폭 범위	허리의 수직 진폭 범위	가슴의 수직 진폭률	허리의 수직 진폭률
■ 자주색	>95	<6.4 cm	<6.8 cm	<6.1%	<6.5%
■ 청	70–95	6.4–8.1 cm	6.8–8.9 cm	6.1–7.4%	6.5–8.3%
■ 녹색	30–69	8.2–9.7 cm	9.0–10.9 cm	7.5–8.6%	8.4–10.0%
■ 주황색	5–29	9.8–11.5 cm	11.0–13.0 cm	8.7–10.1%	10.1–11.9%
■ 적색	<5	>11.5 cm	>13.0 cm	>10.1%	>11.9%

수직 진폭과 수직 진폭률 데이터

"수직 진폭은 달리는 도중의 각 발걸음의 '수직적인 움직임'의 크기를 나타냅니다. 가슴 부위에서 측정되는 이 정보는 각각의 걸음마다 위아래로 몸이 움직인 거리를 센티미터 단위로 알려줍니다. 많은 러닝 코치들은 수직 진폭이 더 작을수록 위아래로 움직이면서 낭비되는 에너지가 더 적기 때문에 더욱 경제적이라고 생각합니다. Garmin은 다양한 수준의 여러 러너들을 연구하였습니다."

"일반적으로 경험이 더 많은 러너일수록 수직 진폭이 더 작은 경향이 있습니다. 하지만 더 빠른 페이스는 어느 정도 더 큰 수직 진폭을 대가로 합니다. 진폭율(아래 참조)은 이러한 점을 고려하고 있습니다. 더 낮은 수직 진폭의 또 다른 장점은 지면 접촉 시에 하체에 가해지는 스트레스가 일반적으로 더 작다는 것입니다."

＂＂ 경험이 많은 러너일수록 수직 진폭이 더 작다.＂＂

"진폭율 지표는 각각의 걸음마다 얼마나 많은 추진력을 얻을 수 있는지를 기준으로 러닝의 효율성을 나타냅니다. 진폭율은 한 걸음당 '수직 움직임'의 크기를 보폭으로 나눈 다음 % 단위로 표현한 값입니다. 보폭은 러닝의 수평적인 움직임이므로 러닝 동작의  유용한 부분인 반면, 수직 진폭은 러닝에서 에너지를 소모시키는 요소 중 하나입니다. 수직비의 크기가 작으면 적은 에너지 소모만으로도 효과가 크다는 것을 의미합니다. 즉 수직비가 작을수록 러닝은 효율적입니다."

＂＂ 수직비가 작을수록 러닝은 효율적이다.＂＂

체스트형 심박계를 써야 할까

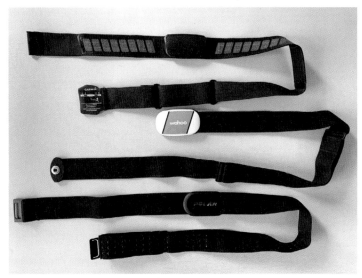

여러 회사의 체스트형 심박계, 위부터 HRM-dual, Wahoo tickr, Polar H10

처음에 가민같은 스포츠워치가 사고 싶었던 이유는 심박 때문이었다. 격렬하게 숨이 턱까지 차오르는 운동을 하는데 현재 어느정도의 수준인지 모르므로 이러다가 죽을 수도 있겠다는 생각이 들었기 때문이다. 그래서 내 심박을 모니터링하면서 운동하는 것이 안전하겠다는 생각을 했다.

달리기를 할 때는 가민 스마트워치를 착용하게 되는데 작동 원리가 oxymetry(손가락에 끼워 사용하는 산소포화도 측정기기)와 같은 것으로 알고 있다. 이것은 가만히 서있을 때는 비교적 정확하게 심박을 잡아내지만, 과격한 움직임에는 매우 부정확할 수 밖에 없다. 그렇다면 체스트형 심박계가 ECG의 원리를 이용하므로 비교적 정확하게 심박을 잡아낸다고 생각이 된다. 물론 과격한 움직임에는 ECG의 원리를 이용해도 정확도가 떨어지는 것은 사실이지만, 광학센서 기반인 oxymetry와는 비교할 수 없다.

모니터링하는 와중에도 종종 급격한 심박수의 상승을 경험할 수 있다. 심박이 급격하게 상승하는 것은 심장마비를 유발할 수 있는 인자가 되므로 운동을 즉시 중지해야 한다. 심장에 무리를 줄 수 있기 때문이다. 마치 출력이 떨어지는 자동차로 오르막을 빨리 오르겠다고 악셀을 무리하게 밟으면 엔진은 비명을 질러대고, 결국에는 엔진이 서버릴 수도 있는 것과 마찬가지이다. 따라서 정확도가 높은 심박계를 착용하는 것은 중요하다. 고급형 체스트형 심박계는 러닝 다이나믹스 데이터도 제공해주는 제품들이 있으니 참고하면 된다.

스트라이드 STRYD

이번에 알아볼 것은 스트라이드 STRYD 러닝용 파워미터이다. 달리기를 훈련하는 선수들 중에 이것을 사용하는 사람들이 있다. 2012년부터 개발이 시작되어 2015년에 킥스타터를 통해서 처음 세상에 나왔다. 처음에는 허리에 착용하는 방식이었다가 가슴 심박계 형태를 거쳐 신발에 착용하는 footpod 3.0 버전이 나왔다. 현재 판매되는 것이 4.0버전으로 wind detection 기능이 들어가 있다. 이 기능을 통해 속도, 경사, 주행 형태, 피로도, 바람 등을 고려하여 페이스를 확인할 수 있다고 한다.

가민 러닝 다이나믹 포드처럼 페이스 분석과 stryd만의 파워, 그리고 추가적인 데이터까지 호환이 된다. 하지만 최근에 가민이 업데이트가 되면서 상위모델은 파워까지 제시해주고 있어서 앞으로의 제품의 향방은 어찌될지 모르겠다.

출처 : www.stryd.com

VO₂ Max

VO₂ Max는 심폐 능력의 지표이며 그 수치는 체력이 향상됨에 따라 증가해야 한다. VO₂ Max는 운동 능력을 최대로 발휘하는 시점에서 1분당 1kg의 몸무게가 소비할 수 있는 최대 산소량(ml 단위)이다. Garmin을 이용해 심박수와 운동데이터를 이용해서 추정치를 낸다. 출처 : Garmin connect

위키피디아에 의하면 VO₂ Max란 maximal oxygen consumption을 뜻하고 "V"는 볼륨, "O₂"는 산소, "max"는 최대치를 나타낸다. 단위는 ml/(kg·min) 또는 ml/kg/min이므로 체중 1kg당 1분 동안 소모하는 산소의 양으로 해석할 수 있다.

즉 1분 동안 소모한 산소를 자기 체중으로 나누게 되는 것이다. 심폐지구능력의 척도가 되기도 하고 '심혈관 건강이 좋을수록 더 오래 살고 암으로 인한 사망 위험이 낮다'는 연구 결과도 있다고 하니 관심을 가지고 관리할 필요가 있다.

일반적인 선수들이 60~70ml/kg/min
마라토너 황영조가 82.5ml/kg/min
사이클리스트 크리스 프룸은 84.6ml/kg/min
브리티쉬 힐클라임 챔피언인 앤드류 피더는 78.7ml/kg/min
유명한 선수들의 VO₂ Max는 위와 같다고 한다.

정확하게 측정하려면 특수 기계로 해야하는데 물론 언젠가 재활의학과에서 측정할 수 있는 정확한 수치로 평가하는게 제일 좋겠지만... 간접적인 계산을 통한 추정치로도 충분하다. 우리는 동호인이니까 말이다. 이 계산도 복잡하니 가민 같은 스포츠워치를 차기만해도 알아서 계산을 해준다. 자신의 수치 변동을 보면서 운동하는데 있어 도움을 받을 수 있는 점이 중요하다.

복잡하게 생각할 것 없다. 시계만 차면 알아서 결과를 리포트해준다.
동호인에게 이 정도면 충분하다. VO₂max가 뭔지만 알면 된다. 출처 : garmin connect

Men's VO2 Max Chart: by Age

Age → Rating ↓	20-24	25-29	30-34	35-39	40-44	45-49	50-54	55-59	60-64
Excellent	>62	>59	>56	>54	>51	>48	>46	>43	>40
Very Good	57-62	54-59	52-56	49-54	47-51	44-48	42-46	40-43	37-40
Good	51-56	49-53	46-51	44-48	42-46	40-43	37-41	35-39	33-26
Average	44-50	43-48	41-45	39-43	36-41	35-39	33-36	31-34	29-32
Fair	38-43	36-42	35-40	33-38	32-35	30-34	28-32	27-30	24-28
Poor	32-37	31-35	29-34	28-32	26-31	25-29	24-27	22-26	21-24
Very Poor	<32	<31	<29	<28	<26	<25	<24	<22	<21

Women's VO2 Max Chart: by Age

Age → Rating ↓	20-24	25-29	30-34	35-39	40-44	45-49	50-54	55-59	60-64
Excellent	>51	>49	>46	>44	>41	>38	>36	>33	>30
Very Good	47-51	45-49	43-46	41-44	38-41	36-38	33-36	31-33	28-30
Good	42-46	41-44	38-42	36-40	34-37	32-35	30-32	28-30	25-27
Average	37-41	36-40	34-37	32-35	30-33	28-31	26-29	24-27	22-24
Fair	32-36	31-35	30-33	28-31	26-29	24-27	23-25	21-23	19-21
Poor	27-31	26-30	25-29	24-27	22-25	21-23	19-22	18-20	16-18
Very Poor	<27	<26	<25	<24	<22	<21	<19	<18	<16

성별, 연령별 VO₂ Max Charts

출처 : https://runninforsweets.com/vo2-max-chart

02-09

트랙의 활용과 훈련용어들

트랙의 구성

달리기 훈련을 할 때, 자신의 정확한 페이스 측정, 자세, 훈련강도 조절에 있어서 트랙훈련을 빼놓을 수 없다. 훈련을 본격적으로 시작하면서 트랙의 특성에 대해 궁금해졌다. 어느 지역에나 만들어놓은 운동장 트랙. 그게 크기가 모두 똑같은 걸 이번에야 알았다.

운동장 트랙은 8개 레인으로 구성된다. 트랙의 폭은 42인치(106.68cm)이고 보통 질주 시에 달리는 가장 안쪽 레인은 400m, 4번째 레인은 419m, 마지막 8번 레인은 445m이다. 그러나 레인의 폭은 세계육상연맹 IAAF 에서는 36~48인치까지로 다양하고, 대한육상연맹은 한 레인의 간격을 122~125cm까지 규정한다. 그래서 정확한 거리를 측정하기 위해서는 레인 간격을 재고, 복잡한 공식을 넣어야 한다.

1레인 : 400.0m

2레인 : 407.2m

3레인 : 415.0m

4레인 : 422.9m

5레인 : 430.7m

6레인 : 438.6m

7레인 : 446.5m

8레인 : 454.3m

알아는 보았지만 동호인은 복잡한 것까지 알 필요는 없다. 트랙을 달릴 때는 맨 안쪽으로만 달리면 된다. 그리고 이것만 생각하면 된다. 트랙은 400m이다.

야소800

야소 800 훈련법은 Bart Yasso가 고안한 인터벌 훈련법으로

$$\text{*\! 풀코스마라톤 목표 A시간 B분 =}$$
$$\text{트랙 2바퀴 (800m)를 페이스 A분 B초} \times \text{10회 *\!}$$

로 인터벌 훈련하는 것인데, 사이사이에 트랙 1바퀴(400m)를 A분 B초 동안 이완시킨다.

예를 들면, 풀코스마라톤 330 목표의 경우, 트랙 2바퀴(800m)를 3분 30초에 돌고 트랙 1바퀴(400m)를 3분 30초로 도는 것을 10회 반복하는 식이다.

빌드업주

빌드업 build-up 주는 거리와 함께 페이스를 올려가는 연습방법으로 레이스 후반의 체력과 스피드를 향상시키기 위해 시행한다. 비교적 부하가 높기 때문에 근력이나 힘이 상당한 수준으로 배양된 상태에서 실시해야 한다.

예를 들면, 1km를 5분에 시작해서, 매 1km마다 10초씩 빠르게 하여, 9km째 3분 40초로 마무리하는 식이다.

지속주(페이스주)

지속주는 처음부터 마지막까지 일정하게 똑같은 속도로 달리는 것으로 보통 10km, 혹은 15km 이내의 거리를 일정한 페이스로 달리는 훈련이다. 지속주를 할 때는 중간에 빨리 달리거나 느리게 달려서는 안되고 일정한 속도를 유지해야한다. 대회에서 어떤 기록으로 완주 할지 목표를 정하고 그 페이스대로 달릴 수 있는 훈련을 하는 것이기 때문이다. 따라서 마라톤 페이스 감각을 몸으로 익힌다고 생각하면 된다.

시간주&거리주

시간주는 일정시간을 정해놓고 달리는 것으로 거리는 자유롭게 설정한다. 반대로 거리주는 일정거리를 정해놓고 달리는 것으로 시간이나 속도를 자유롭게 설정하게 된다.

LSD

"long slow distance"의 약자로 장거리를 시간을 두고 천천히 달리는 것을 말한다. 심폐기능을 향상시키고 지구력을 배양하는 것에 적절한 운동주법이다. 기초체력을 쌓는데 매우 효과적인 훈련법이다.

인터벌주

인터벌 훈련은 일정 구간을 빠르게 달리고 천천히 달리기를 반복하는 훈련으로 스피드 향상이 목적이다. 정석근의 헬스라이프 유튜브에서 2,000m 인터벌에 대해 제시해 준 페이스 차트를 참고하면 최소 4세트 이상, 6세트 정도까지 하도록 추천하고 있다. 이외에도 3,000m, 5,000m 인터벌주도 있다고 한다.

인터벌 훈련의 으뜸 2000m 페이스 차트	2000m 인터벌 페이스차트		정·석·근 헬스 라이프
	2000m 메인 400m 트랙 x 5회전	회복주 400m 트랙 x 1회전	
239주자	86~87초 x 5회전 [7분10초~15초]	2분10초 x 1회전	
249주자	91~92초 x 5회전 [7분35초~40초]	2분15초 x 1회전	
서브3주자	96~97초 x 5회전 [8분10초~15초]	2분20초 x 1회전	
310주자	102~103초 x 5회전 [8분30초~35초]	2분25초 x 1회전	
320주자	107~108초 x 5회전 [8분55초~9분]	2분30초 x 1회전	
330주자	113~114초 x 5회전 [9분25초~30초]	2분35초 x 1회전	
340주자	118~119초 x 5회전 [9분50초~55초]	2분40초 x 1회전	
350주자	122~123초 x 5회전 [10분10초~15초]	2분45초 x 1회전	
서브4주자	126~127초 x 5회전 [10분30초~35초]	2분50초 x 1회전	

출처 : 정석근의 헬스라이프 유튜브

위의 내용은 트랙에서 훈련할 때 이런저런 이야기를 주워들으면서 이게 대체 뭔지, 뭘 하는건지 궁금했던 부분들이었다. 그냥 이렇구나 정도만 알고 있어도 된다. 그리고 트랙에서 이루어지는 전문가들의 훈련은 대략 아래와 같은 순서로 이뤄진다는 개념만 가지면

기록향상을 위해서는 트랙훈련이 반드시 필요하다

될 듯하다.

❝ 웜업-질주&이완-본훈련(예; 야소800)-쿨다운 ❞

출처 : 대한육상연맹, 러너스월드

02-10

달리기를 하면 무릎이 나빠질까

달리기를 처음 시작할 때부터 주변으로부터 도가니 나간다는 우려
섞인 말을 많이 들었다. 물론 조심하라는 이야기였다. 그러던 중
KBS 생로병사의 비밀에서 나온 내용이 도움이 되었다. 한마디로
결론은 체질이었다. 나빠질 사람은 나빠지고 아무 상관없는 사람은
별 일이 없다. 마라톤 자체가 무조건 무릎에 악영향은 아니라는 점!!!

물론 기본적인 조건을 갖춰야 한다. 좋은 신발과 적은 체중이다.
과체중의 로딩과 쿠션없는 신발로 때리는데 버틸 수 있는 무릎은
없을 것이다. 하지만 무조건 달리기가 무릎 연골을 닳게 한다며 이
불만 덮고 두려움에 떨기보다는 지금 옷을 갖춰입고 야외로 나가서
뛰는 게 정답이다.

Arthritis Care & Research
Vol. 69, No. 2, February 2017, pp 183–191
DOI 10.1002/acr.22939
© 2016, American College of Rheumatology
ORIGINAL ARTICLE

Is There an Association Between a History of Running and Symptomatic Knee Osteoarthritis? A Cross-Sectional Study From the Osteoarthritis Initiative

GRACE H. LO,[1] JEFFREY B. DRIBAN,[2] ANDREA M. KRISKA,[3] TIMOTHY E. McALINDON,[2]
RICHARD B. SOUZA,[4] NANCY J. PETERSEN,[5] KRISTI L. STORTI,[6] CHARLES B. EATON,[7]
MARC C. HOCHBERG,[8] REBECCA D. JACKSON,[9] C. KENT KWOH,[10] MICHAEL C. NEVITT,[4] AND
MARIA E. SUAREZ-ALMAZOR[11]

KBS 생로병사의 비밀에서 언급된 논문. '달리기는 무릎 골관절염과 관련이 있는가? 무릎 골관절염 조사
자료를 이용한 단면연구'에서 달리기를 하지 않는 사람들에 비교해 자발적으로 달리기를 하는 사람들에
게서 증상이 있는 무릎 골관절염의 위험성이 증가하지는 않았다고 결론 짓고 있다.

02-11

마라톤에서 팔토시의 용도

훈련 때 종아리토시 calf-sleeve 가 효과가 좋더라는 이야기를 하던 도중 갑자기 팔토시 arm-sleeve 이야기가 나왔다. "팔토시는 왜 하는 걸까?" 사람들이 명확한 대답을 내놓지는 못했다. 어떤 사람은 침 닦으려고, 어떤 사람은 자외선을 막으려고... "어, 킵초게도 쓰던데... 종아리처럼 압박 용도가 아닐까?" 사람들이 거기에까지 의문을 가지게 되어 찾아보았다.

마라톤 러너는 왜 arm sleeves를 착용할까?

출처 : readysetmarathon.com

1. 혈액순환 촉진과 부종 감소

가벼운 압박효과로 혈류 촉진 및 붓기를 줄이는 데 도움을 준다.

2. 보온효과

추운 날씨 초반 달리기 시에 보온효과를 기대할 수 있고, 긴 팔과는 다르게 쉽게 제거할 수 있다.

3. 더운 날씨에는 쿨링효과

재질에 따라서 땀을 빠르게 흡수, 냉각시키는 효과를 기대할 수 있다.

4. 자외선 차단

자외선 차단 직물을 사용하므로 자외선 차단제를 사용하지 않아도 된다.

5. 벌레로부터 보호

모기나 기타 벌레로부터 보호 가능하다.

6. 안전효과

반사되는 소재로 되어있을 때 도로의 차량으로부터 가시성을 높인다.

하지만, 여러 연구에 의하면 운동능력을 향상시키지는 않는다고 하며, 운동 능력에 대해서 기대할 수 있는 부분은 플라시보 효과라고 한다. 실제 2013년의 연구에서는 압축의류가 최대 근력과 힘의 회복에 크게 영향을 미치지 않는다고 결론을 내었다고... 하지만, 종아리압박이나 팔압박 의류가 운동능력에 부정적인 영향을 미치지는 않으니 원하는대로 사용을 하면 되고, 회복 중에 있는 운동선수를 '도울 수' 있다고 한다.

회복 목적으로 착용하여 기대하는 부분은 지연성 근육통 감소, 근육 손상 감소 및 염증 감소라고 한다. 그리하여 지구력 향상에 도움이 된다고...

❝ 팔토시가 지구력 향상에 도움이 될 수 있다. ❞

현재 Enerskin사의 제품을 사용한다. 그 외 Compressport 제품이 유명하며 다양한 곳에서 제품이 나오고 있다. 제품 선택시에 나에게 맞는 사이즈를 구매하는 것이 가장 중요하다.

03 chapter

어릴 때부터 수영을 배우지 못한 입장에서는 물에 대한 공포가 매우 컸다. 하나하나 배워가며 가라앉는 것에 대한 트라우마를 극복할 수 있었다.

수영을 하다

슈트를 믿고 힘들면 힘을 빼고 눕기만 해도 된다는 것을 알게 되었고, 너무 누워있어 저체온증이 올지언정 당황하지만 않는다면 가라앉지 않는다는 것을 깨닫게 되었다.

나는 어느새 파도가 치는 바다에 입수할 수 있게 되었다.

2020년 9월, 송정

03-01

수영의 시작

　자전거도 하고, 달리기도 하는데 어느 순간 수영도 해보고 싶은 생각이 들었다. 비록 어렸을 때 여러 번 물에 빠져 죽을 뻔한 경험을 하고 일종의 포비아 phobia, 공포증 에 걸려서 제대로 수영을 해본 적은 없지만, 내가 사는 곳이 부산인데, 태어나서 바다 수영은 한 번 해봐야 하지 않을까 하는 막연한 생각을 품게 되었다. 자전거 동호회의 지인을 통해 바다 수영 동호회를 소개해 달라고 부탁해서 무작정 가입을 했다. 예전에 얼마동안 수영장에서 강습을 받기는 했지만 접영으로 넘어가기 전에 그만 둔... 그야말로 근본도 없는 수준이었다.

　첫 입수하기로 날을 받아놓고 2일 전에야 주문한 웻슈트 wet suit 가 왔다. 처음으로 슈트를 입으려는데 도무지 들어가지를 않았다. 겨우 어떻게 밀어 넣고 보니 이번에는 가슴이 너무 조여서 숨쉬기가 힘들었다. 포기하고 인터넷을 열심히 찾아보았다. 과연 이 사이즈가 나에게 맞는 것인지, 이렇게 입는 것은 맞는 것인지... 입는 방법부터 유튜브를 찾아보았다.

처음 구매한 웻슈트(wet suit), ZEROD사의 저가형 모델

이튿날 이제 슈트에서 태그도 뗐고, 물도 넣어보고 했으니 물러설 수 없었다. 큰 마음먹고 슈트를 주욱 댕겨서 미친 듯이 올려 붙였다. 가까스로 성공. 바다수영을 하기도 전에 옷 입는 것부터가 이렇게 난관일지 생각도 하지 못했다.

첫 입수 날, 2018년 10월

호기롭게 도전은 했지만 여전히 자신은 없었다. 하지만 어렵게 얻은 기회인데 이번에도 넘겨 버리면 바다수영과는 영영 멀어지겠구나 싶어서 용기를 내게 되었다. 입수를 하고 가슴팍에 물이 차오르니 답답해지면서 숨이 차기 시작했다.

에고... 글렀구나... 물에 떠있어도 숨이 찬데 머리는 어떻게 넣나... 마지못해 몇 번 머리를 넣어 봤는데 머리만 담가도 숨이 찬다. 어째어째 해운대 해수욕장의 등대조형물에까지 도착하고나니 숨 찬 것은 다소 진정이 되었다. 몇 년만에 하는 수영이어서 수영 자체도 적응이 안되어서 좀 헤맸다. 그러다 나올 때쯤 되니까 비로소 호흡도 다소 정리가 되었다. 그렇게 하나의 버킷리스트가 또 완성이 되었다.

그때부터 나는 이 글귀를 정말 좋아하게 되었다.

Your beginnings will seem humble,
so prosperous will your future be.

" 네 시작은 미약하였으나 "
네 나중은 심히 창대하리라

첫 바다수영

성경 욥기 8장 7절의 문구이다. 내가 무엇인가에 도전할 때 항상 되뇌이는 글귀가 되었다. 이후로 그래도 엉덩이 붙이고 공부하던 실력으로 꾸역꾸역 동호회 사람들을 겨울 동안 꾸준히 따라다녔다.

지금은 생각만 해도 그 추위... 한겨울 그 추운 날에 수영 후 바다에서 나와 걸을 때의 그 끔찍한 고통이 기억이 난다. 한 철만 경험하고 이후로는 추울 때는 절대로 들어가지 않지만 말이다.

no fin, no buoy, no suit

2019년 7월. 오리발 미착용 ^{no fin} 으로 광안대교를 처음 가보았다. 매우 감격적인 날이었다. 이후로 바다에서 수영을 할 기회가 없어서 거의 하지 못한 채로 지내다 2020년 5월에 들어서야 바다수영 ^{open water} 때 부이 ^{buoy, 안전용 부표} 를 겨우 떴다. 해운대에서 많은 사람들이 수영을 하는 시간이어서 다행히 적응할 수 있었다. 다음은 노슈트 ^{no suit, 바다수영용 wetsuit를 입지 않는 것} 에 도전을 했다.

광안대교

살다보니 내가 이런 뷰를 보는 날도 있구나

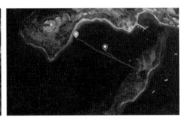

거제 칠천도의 옥계해수욕장과 맞은편의 씨릉섬

2020년 6월. 거제 칠천도에 위치한 옥계해수욕장에서 맞은편의 씨릉섬까지. 처음엔 슈트 suit 도 가져왔다. 그런데 더운데 무슨 슈트를 입냐고, 맨몸으로도 적응해야한다고 같이 갔던 형님이 격려를 해주었다. 그래... 맨몸이다. 바짝 긴장한 상태로 시도해봤다.

나에게 부력을 주는 슈트가 없다는 느낌. 슈트를 입고는 힘들면 드러누우면 되는데 이거 조류를 만나면 어떡하지. 입영할라해도 손발 저어야 하는데 힘들어서 퍼지면 어떡하지... 온갖 걱정이 앞섰다. 들어가서 얼마 되지 않아 갑자기 숨이 차올랐다. 입영상태 잠시 유지.

"야. 좀 쉬었다가 가면 돼"

옆에서 형님이 격려해줬지만 빠른 판단을 해야했다. 바로 퇴수. 소중한 생명. 객기를 부릴 순 없었다. 뭍으로 나와서 있으니까 이번 엔 다른 형님이

"너 맨몸으로 안해보면 계속 못한다. 이번 기회에 저기까지 한 번 다녀와라. 그러면 다음부터는 알탕(맨몸 입수) 가능하다"

격려해주었다. 추워서 몸도 떨리고 해서 슈트를 입고 재도전할까 했는데 여기서 그건 별로 의미가 없는 것 같았다. 형님이 좀 뛰어서 심박 좀 올리고 재도전하라고 해주었다. 조금 뛰어다녀와서 외쳤다.

"다시 갑시다!"

'여긴 수영장이다. 언제든 발을 내딛으면 발이 닿는 곳이다'

머릿속으로 되뇌였다. 슈트를 입을 때와는 완전 딴 판이었다. 슈 트를 입으면 보온도 되니 체온 손실도 없고, 힘들어 드러누우면 떠 내려가든 어쨌든 힘들이지 않고 버틸 수 있다. 그런데 맨몸은 드러 누워서 떠 있어도, 오히려 움직이는 것보다 체온 손실이 크니 심각 한 문제를 야기한다. 거리보다도 그런 공포감이 큰 것 같다. 최대한 잡생각을 버렸다. 옆의 형님만 보고 갔다. 저 멀리 섬에 어느새 도착 했다.

와우~!! 드디어 바다를 건넜다. 이제 자신감이 좀 붙었다. 돌아 가는 건 가면 될 것 같다!! 그렇게 무사히 복귀할 수 있었다.

건너편 씨릉섬까지 편도500m, 그 당시에는 정말 까마득한 거리였다.

맨몸으로 수영을 했다는 건 나에게 정말 대단한 일이었다.

나는 물에 대한 트라우마가 몇 번 있었다.

1. 초등 입학 전 할아버지네 농사 짓는 논두렁 근처에 작은 연못
   이 있었는데, 논두렁을 걸어가다 미끄러져 빠졌다. 어른들은
   모내기 하느라 먼 곳에 있었고, 아이의 키로는 너무나 깊은 그
   곳에 빠져서 바닥까지 가라앉았다. 다급한 와중에도 물 속에서

눈을 떠서 옆에서 헤엄치는 개구리를 보고 흉내 내어 바닥을 딛고 점프하며 헤엄. 첫 번째는 실패, 두 번째 가까스로 논두렁을 부여잡고 혼자 힘으로 살아난 후 힘차게 움

2. 초등학교 때 강가에서 어른들 모임하던 시절에 다른 이웃 친구들과 강가에서 물놀이 하던 중, 장난감 모터보트가 깊은 곳으로 가길래 잡으러 가다가 갑작스레 바닥이 푹 꺼지며 깊이 내려앉는 곳에 빠져버렸음. 한참 허우적대다 가까스로 푹꺼진 물속의 땅을 잡고 올라서서 살아남. 당시에 다른 아이들이 내가 장난으로 그런 줄 알았다고 함

3. 대학교 때 농활끝나고 송정 바닷가에 1박으로 뒷풀이갔는데, 약대누나가 튜브에 앉고 다른 형님 두 명이서 튜브밀고 놀다가 갑자기 발이 닿지 않는 깊은 곳으로 가면서 다들 당황. 두 명의 형님들은 잽싸게 헤엄쳐서 빠져나가고 수영 못하는 나와 누나는 어쩔 줄 몰라하며 표류함. 결국 119 구조대원이 보트타고 와서 구출해 줌. 아직도 잊혀지지 않는다 우리를 버리고 간 형님들...

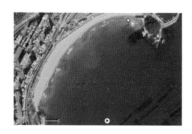

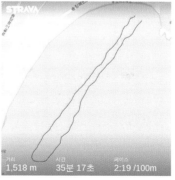

부산 송정해수욕장,
이 먼 거리를 한 번도 쉬지 않고 다녀왔다.

1,518 m   35분 17초   2:19 /100m

보기만해도 아득한 거리

    2021년 7월. 그러한 트라우마로 수영과는 전혀 인연이 없던 인생
이 이날 송정해수욕장에서 슈트도 없고 부이도 없고 오리발도 없이
완전 맨몸으로 장거리를 수영했다. 1년 전 거제의 칠천도에서 첫 3
무 오픈워터를 했지만, 그 당시에도 맞은 편 씨름섬까지 가서 잠시
쉬다 왔었다. 이날은 온전히 장거리 수영을 해냈는데 참으로 감사
한 일이었다.

03-03

오픈워터에 필요한 용품들

부이 Buoy

Buoy라고 하고, Floater라고
도 한다. 말씀을 주워들어보니 오
르카 것이 비싼데, STM에서 이
것을 판매 후 국민 부이가 되어버
렸다고 한다. 가격은 저렴하다. 2

만 원 초반이다. 알리에서 사면 더 저렴한 것들도 많다. 오픈워터용
으로 필수품이다. 보기만 해도 마음이 든든하다.

오리발 Fin

원래 집에 있던 오리발은 너무 예전
것이라... 장비라도 남들 쓰는 건 사야
겠다 싶어서 구매를 했다. 내가 추천받
은 것은 마레스 아반티 엑셀. 내 주위
동호인들은 국민오리발이라 칭했다.
실제로 바다에서 차기를 해보니 나가
는 추진력이... 기존 오리발과 비교가
안 된다.

스노클 snorkel

제품명은 스쿠알로 센터스노클 3. 이것을 사용하는 분의 추천으로 구입하게 되었다. 드라이탑이 장착되어서 물이 유입되지 않고, 헤드 장착

부위의 회전이 가능해서 장착한 채로 옆으로 돌리면 쓰지 않을때 벗지 않아도 되는 장점이 있다.

슈트수리용 본드

설명서에 따르면 엣지 부위에 도포하고 5분 정도 지나서 다시 덧칠하고 붙인다.

열번도 입지 않았는데 어느날 새벽 엉덩이에 잡히는 이질감. 처음에는 슈트를 입고 차에 오르내리다 찍힌 상처인 줄로만 알았다. 그런데 물어보니 이게 그 주의하라던 손톱상처라고 한다. 손톱에 찍혀서 저렇게 되는구나... 작은 손상은 전용본드(네오프렌 시멘트)로 수리가 가능하다.

수경에 안티포그를 발라야 하나

새로 산 수경에 처음부터 안티포그를 바를 필요는 없다. 대부분 안티포그 성분이 코팅되어 있다. 그래서 렌즈 안쪽은 되도록 손을 대지 않아야 한다. 안쪽 코팅의 성능이 저하되었다고 보면 안티포그를 사서 바르면 된다. 뜨거운 물로 씻거나 긁어서 코팅이 벗겨지고 시야가 흐려지면 수경의 성능이 다했다고 보아야 한다.

안티포그를 바를 때는 손가락 끝에 액을 조금 덜어서 부드럽게 발라주어야 한다. 스틱으로 직접 비비게 되면 고글 내부에 스크래치를 유발할 수 있어서 조심해야 한다.

웻슈트에 바세린을 바르면 녹는다고?

아침에 수영을 하러 갔는데, 버디가 아직도 바세린 vaseline 을 바르냐면서 바디 글라이드 body glide 를 추천한다. 바세린이 안 좋다면서... 석유성분 petroleum 은 웻슈트에 좋지 않다고 한다. 슈트의 재질인 네오프렌을 녹일 수 있다고 한다. 이때까지 마라톤을 하던, 수영을 하던 모든 용도에 바세린을 사용해왔다. 다른 사람들도 대부분 바세린을 사용했는데?

바디 글라이드 body glide 는 마찰을 방지하도록 특별히 제조된 마찰방지 윤활제로써 저자극성이며 물과 습기를 차단하지만 피부 호흡이 가능하고 발수 또한 가능하다. 특히 기름기 많은 밤 balm 에 비해서 옷을 더럽히지 않는 장점이 있다.

반면, 바세린 vaseline 은 건성피부를 치료하는 데 사용되는 윤활특성이 있는데 이것이 마찰방지하는 데도 도움이 된다. 마찰을 방지하도록 맞춰진 제품은 아니다보니 기름기가 많아 바디 글라이드보다 보호효과가 크지만 확실히 옷에 얼룩이 질 가능성이 높다. 그리고 바세린 자체는 네오프렌 재질의 잠수복을 손상시키지 않는다고 한다. 하지만 슈트의 이음새가 헐거워져서 수리해야 하는데 이 이음새에 바세린 성분이 있다면 접착성분이 부착되지 않으므로 수리가 불가능하게 된다. 그래서 많은 웻슈트 브랜드들이 석유기반 제품들petroleum, vaseline 을 사용하면 보증을 해주지 않게 된다고 한다.

" 웻슈트를 수리할 일이 없으면 바세린을 발라도 된다."

그렇게 생각을 하면 되겠다. 현실적으로는 대부분 직구를 하는지라 이게 보증이 어차피 매우 어려운데... 바디 글라이드가 비싸기도 하니 그냥 써도 되지 않을까. 물론 바디 글라이드를 쓸 수 있으면 좋다!

웻슈트에는 바디 글라이드가 더 좋다.
❝ 하지만 바세린을 발라도 된다. **❞**
단, 웻슈트에 바세린을 바르면 보증이 안될 수 있다.

수영할 때 손바닥 모양

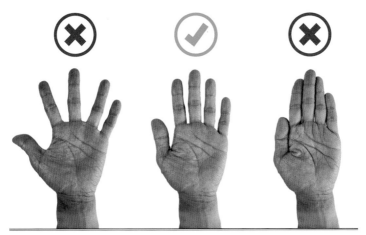

BEST

억지로 손가락을 모을 필요가 없었다는 것을 알게 되었다.
너무 벌리지는 말고 자연스럽게 모양을 취한다.

수영에서 스트로크란

"2~3 스트로크마다 호흡 한번 하세요."

강사님이 이렇게 말을 한다. 그런데 팔을 휘젓는 스트로크 stroke 개수를 세는 것이 왼팔 오른팔 하는 게 1 스트로크인지 왼팔 오른팔 하면 2 스트로크인지... 이런 기초적인 것부터 막힘. 찾아보니 각각 세어서 스트로크 개수를 센다.

그리고 이상적인 거리는 키×0.8 정도가 1 스트로크에 진행하는 거리라고 한다. 예를 들면 170cm 이면 대략 136cm가 나와서 25미터 풀을 18 스트로크에 가도록 노력. 벽을 차면 15 스트로크에 가도록 하는 것이 맞다고 한다.

03-08

롤링, 글라이딩, 드릴

롤링 rolling

롤링, 특히 자유형 롤링이란 물에 수평뜨기 자세를 하면 양쪽 어깨가 물에 반쯤 걸려있는데 몸통에 회전을 가해 한쪽 어깨는 물속에 있고, 반대쪽 어깨는 물 밖으로 나와있는 모습이다.

글라이딩 gliding

자유형에서 글라이딩은 리커버리를 끝낸 팔을 물에 입수하고 진행방향으로 길게 뻗는 것. 몸을 최대한 늘려서 몸의 길이를 일시적으로 길게 만들어주게 된다.

드릴 drill

드릴은 수영의 동작을 분리시켜 하나씩 반복적으로 연습하는 것이다.

SWOLF

　스포츠워치를 보다보면 보게되는 용어이다. SWOLF란 'swim golf'의 줄임말로 골프에서 몇 타, 몇 타 라고 이야기하는 것처럼 타수를 줄이고자 하는 목적의 효율 점수이다.

　미국 선수들은 GOLFing이라고도 부른다는데 골프의 개념이기 때문에 스코어가 낮을수록 더 효율적인 수치이다. 이는 수영의 효율성을 측정할 수 있는 간접적인 수치인데 원래 실제 효율성은 VO_2 Max, 젖산수치, 칼로리 사용량 등도 함께 분석해야 하나, 수영장에서 데이터를 얻기 힘들기 때문에 간접적으로 확인 가능한 swim golf를 사용하는 것이다.

　SWOLF의 측정은
　1. 수영장의 편도거리(50m 추천)
　2. 스트로크 수(양팔)
　3. 시간(초)
　4. 2+3=SWOLF

　복잡하지만 굳이 자세히 알필요는 없다. 동호인은 그 의미와 나의 수치만 알고 있으면 된다. 그리고 SWOLF 계산도 스포츠워치에서 자동으로 리포트해준다.

SWOLF는 스트로크를 적게 하고

빨리 나아갈수록 낮아지며,

효율적인 것을 의미한다.

garmin connect에서 확인 가능하다.

그냥 내 수치만 알고, 시간에 따른 변화추이만 알면 된다.

수영을 어떻게 할 것인가?

누군가는 발차기가 추진력의 70%라고 하고 누군가는 팔로 당기면서 나가는 게 주라고 한다. 무엇이 맞는지 헷갈려서 수영 국가대표 선수출신이었던 이혜화 코치님에게 물어보니 이렇게 답해주셨다.

" 결국 수영을 잘하는 건, 몸에 힘을 빼고, 제대로 뜨고 "
" 그걸 유지한 채로 팔다리를 얹어서 가는 것이다 "

중요한 포커스는 팔다리를 어떻게 하고, 추진력을 얻고 그런게 아니다. 물에 제대로 뜨는 게 중요하다. 나는 현재 가만히 뜨는 건 만들어졌는데 팔다리만 휘저으면 스트림라인이 깨져서 문제인 것 같다. 달리기나 자전거는 그냥 내지르면 나간다. 물론 더 잘하려면 자세가 매우 중요하지만 일단 나가는 데는 1차적인 부분이 아니다. 하지만 아무리 보아도 수영은 자세가 1차적인 문제 같다. 자세가 안 만들어지면 제 아무리 발버둥을 쳐도 앞으로 나아가질 않는다.

수영, 참 어렵다.

매일 수영을 하면서 스승님께 배우는 부분들 중 궁금한 점은 직접 여쭤봤다. 그대 받은 대답들을 하나씩 정리해 본다.

Q 저는 현재 팔을 11자로 누구 오라고 손짓하듯이 당깁니다. 다른 분은 팔을 꺾으면서 손을 배꼽으로 향하라고 하던데 어떻게 해야 하나요?

A 물에 항상 수직으로 손바닥을 향해서 끝까지 밀고 나가는 것에 주안점을 두세요. 그것을 위해서 팔을 L로 꺾는 식으로 설명을 하는데 그게 더 헷갈릴 수 있어요. 또한 손에만 집착을 하게 되면 앞으로 나가는 방향이 아니고 지그재그, 혹은 허우적대는 모습이 됩니다. 물을 당길 때는 손으로 당기는 것이 아니라 광배근으로 당긴다는 것을 명심하고 수직으로 당기기 위해서 자연스럽게 L자가 되어야 합니다.

Q 롤링은 어떻게 해야 할까요?

A 롤링 또한 의식하면 안됩니다. 손바닥을 수직으로 발로 향해서 나가기 위해서 자연스럽게 롤링이 되는 정도이지 롤링을 의식해서 하게 되면 스트림라인만 무너지게 됩니다.

> 스트림라인을 갖추고 손바닥을 발에 수직으로
> 정확하게 밀어내기 위해서 롤링도 이루어지고,
> 팔꺾기도 이루어진다는 것을 염두에 두어야 한다

》Tip

팔을 빨리 휘젓는다고 빨리 나가는 것은 아니다. 정확하게 물을 밀어내야한다.

네이버백과에 나오는 진리

자유형 freestyle : 수영에서 영법(泳法)에 제한이 없는 종목 또는 레슬링 등에서 공격 부분의 제한이 없는 종목을 지칭한다. 수영에서 자유형 freestyle swimming 은 온몸을 곧게 펴서 수면에 엎드려 다리로 물을 번갈아 내리치면서 양팔로는 물을 긁어 추진력을 얻는 것이다. 추진력의 60~70%는 팔 동작, 30~40%는 다리 동작에 의해 얻어진다.

자유형을 할 때 팔동작은 팔꿈치를 약간 굽히고 손끝부터 수면에 넣은 후에 물을 아래로 누르는 기분으로 물을 잡는다. 이때 양팔은 반드시 전진하는 방향의 중심선상으로 뻗도록 한다. 발은 수면 위로 너무 올라오지 않도록 하고 수면으로부터 30~40cm의 깊이에서 무릎과 발목의 힘을 빼 부드럽게 물장구를 쳐서 추진력을 만든다. 이때 허리 → 허벅지 → 종아리 → 발 등의 순서로 힘을 가하면서 실시한다. 호흡은 팔을 수면 위로 들어올림과 동시에 고개를 그쪽 팔 방향으로 돌려 물 위에서 들이마시고, 물 속에서 서서히 내쉰다.

출처 : [네이버 지식백과] 자유형 (시사상식사전, pmg 지식엔진연구소)

수영을 대체 어떻게 하는건지 한참 고민을 하다가 네이버 지식백과에서 자유형을 검색해보고 깜짝 놀랐다. 그동안 자유형에 대해 배운 모든게 다 담겨있었다. 어느 정도 배우고 나니 글이 말하는 이야기가 하나하나 이해가 되었다.

03-12

여름 오픈워터에서 마주치는 생물들

따꼼이 SEA Lice Bites SEA Bather's eruption

바다수영하는 분들은 '따꼼이' 라고 한다. 찾아 보니 SEA Lice 라고 하고, 해파리 유충이다. 이것에 물 리 면 SEA Bather's

출처 : www.jerseyshoreonline.com

eruption, 혹은 pica-pica (스페인어로 '가렵다') 라고 표현을 한다.

해파리 유충이 머리카락을 좋아하기 때문에 목 뒤에서 물기 시작 하는게 보통인데 머리카락에 달라붙어도 머릿니는 아니다. 이름은 SEA LICE로 붙이긴 했지만... 따꼼이에 물리게 되면 초기에는 따 꼼거리는 감각을 느끼게 되고 이후에 피부가 가렵기 시작하며, 붉은 융기를 보일 수 있다. 대부분 경증에서 중등도이지만 드물게 두통, 구역질, 고열을 유발할 수도 있다. 발진이 되면 보통 2~4일정도 지속되며, 일부에서는 2주간 지속되는 경우도 있다. 전염성은 없으나 따꼼이가 창궐하는 시즌에는 수영복을 잘 세탁해야 한다. 안그러면 그 수영복에 접촉함으로 인해서 발진을 유발할 수도 있다고 한다.

치료는 하이드로 코티손 크림을 하루 2~3회 정도 호전 시까지 발라주면 되며, NSAID가 도움이 될 수 있다. 안타깝게도 따꼼이가 있는 시즌에는 물에 안 들어가는 것 외에는 딱히 예방법이 없다고 한다. 그래서 접촉을 피하기 위해서 슈트를 입지만, 더운 여름에는 그것도 여간 힘든 일이 아니다.

털다리 가시투성 바다대벌레

남해안의 굴 수하연에서 발견되며, 수심 10m보다 얕은 곳의 모자반이나 정치망 등의 해양구조물에 부착하여 서식하는 바다대벌레류이다. 몸은 적갈색이고 붉

출처 : www.ibric.org

은색 반점이나 무늬가 몸 전체에 흩어져 있다. 수컷에서 머리는 둥글고, 가슴마디 중에서는 제2마디가 가장 길다. 제1, 2가슴마디의 표면에는 가는 털이, 제3~7가슴 마디에는 뾰족한 가시모양의 돌기가 많이 나 있다. 제2턱다리도 가는 털로 덮여 있다. 최대 몸길이는 50mm 정도이다.

출처 : [네이버 지식백과] 털다리가시투성바다대벌레 [Hairy-leg skeleton shrimp]
(한국해양무척추동물도감, 2006. 3. 15., 홍성윤)

수온이 따뜻해지고 해파리 방지그물 근처까지 왔다갔다했는데 옷에 이상한 벌레가 기어다니길래 깜짝 놀랐다. 살에는 잘 안붙고, 옷에서 막 파고 들어가려고 꿈틀대는데 어찌나 충격적이던지... 찾아보니 그다지 몸에 해롭지는 않은 것 같다.

해파리

특히 문제가 되는 것이 노무라 입깃 해파리이다. 여름 해수욕장의 해파리 방지망에 걸려있는 거대한 저 해파리들을 보면 무섭다. 대책 없다. 피해 다닐 수 밖에...

출처 : www.ibric.org

물이 따뜻하면 수영하기에 좋지만 온갖 적들이 많이 나타난다. 결국 바다수영을 하기에 가장 좋은 날씨는 물이 차가워져서 적들이 사라지고, 슈트로 보온이 충분히 이루어지는 10월!!!

03-13

한겨울의 오픈워터

2019년 1월. 약속시간에 늦어서 부득이 슈트를 착용한 채로, 위에 옷을 걸치고 버스를 탔다. 다행히 승객은 없었고, 기사님만 이상하게 쳐다보았다. 지금보니 너무나 엽기적인 옷차림이다. 바다수영에 입문한지 얼마 되지 않았을 때라, 한겨울에도 꾸준히 모임에 따라 다녔다.

추운 겨울바다에 몸을 담그는 것은 끔찍했지만 그래도 버틸 만은했다. 그것보다 더 힘든 건 퇴수 후 맨발에 슬리퍼를 신고 걸어나오다가 둔덕에 발가락이라도 부딪히는 날에는... 찬바람에 꽁꽁 언 발가락이 부서지는 고통을 맛보아야 했다. 체온 변화가 너무 급격하게 이루어져 고혈압 등 기저질환이 있는 경우에 뇌출혈의 위험도가 상당하고, 저체온증에 걸릴 위험도도 높기 때문에 겨울바다에서 하는 레저활동은 많은 주의를 요한다.

옷기게도 웻슈트를 입은채 버스를 탔다

04chapter

"

철인3종에 입문할 때 다소 진입장벽이 높게 느껴진다. 한 번에 3가지
종목을 해내기는 초심자에게는 어려운 것이 사실이다. 대부분의
사람은 어느 한 종목을 꾸준히 해오다가 넘어오는 경우들이 많다.

철인 운동에 도전하다

어떤 사람들은 수영을, 어떤 사람들은 마라톤을... 그래서 무슨 출신
이냐고 농담처럼 물어보기도 한다. 나는 그런 질문을 받을 때, 자출러
(자전거출퇴근러) 출신이라고 말을 한다.

2022년 6월, 고성70.3대회

04-01

철인 클럽에 가입하다

자전거, 달리기, 수영. 이렇게 3가지를 모두 따로 시작한 이후, 갑자기 엉뚱한 생각이 들었다. 이럴 거면 철인3종을 해도 되지 않을까? 그래서 지역의 동호회를 검색해서 철인 클럽에 가입하게 되었다. 정말 무지한 상태에서 무리하게 쌩초보가 도전은 했는데 그래도 반가이 반겨주는 사람들 덕에 적응이 그다지 어렵지는 않았다.

2019년 3월, 클럽의 개운제로 시행된 스프린트 대회

그것이 처음으로 접한 철인3종 운동이었다. 스프린트 대회는 수영 750m, 자전거 20km, 달리기 5km이다. 수영이 제일 걱정이었다. 첫 바다수영 후 간간히 바다에는 나갔지만, 오리발이라도 끼고 나갔지 맨발수영은 한 번도 해본 적이 없는 상태였으니 말이다. 참여했던 수영 모임도 레져의 영역에 가까워서 기본적인 속도를 기반으로 하는 운동의 영역에서 수영을 해보지는 못했다.

동호회의 개운제 행사전 훈련 형식으로 시행된 간이 대회로 모두 6명이 참여했다. 스타트 후 열심히 달려가서 입수하여 팔을 휘젓는데 초반에 너무 급하게 휘저었는지 당황해서 숨이 차올랐다. 이때 오리발을 안하는 게 진짜 차이가 크다는 것을 느꼈다. 관광수영과 운동수영의 차이를 다시금 깨닫는 순간이었다.

무사히라도 가자 싶어 호흡을 고르고 천천히 수영을 해서 겨우 도착을 했다. 도착을 해서 보니 역시나 꼴찌였다. 기록경쟁을 하는 취지는 아니라 자전거 출발을 위해서 준비를 하는데 아뿔싸... 뭔가 빼먹은 듯한 느낌이더라니 클릿 슈즈 cleat shoes, 자전거 페달과 고정하는 신발 를 안 가져왔던 것이다. 어쩔 수 없이 운동화를 신고 클릿 페달을 밟아가며 라이딩을 마칠 수 있었다. 그렇게 철인3종 스프린트 코스를 경험하게 되었는데 참으로 감개무량하였다. 첫 바다수영 했을 때의 감동만큼이나 큰 감동이었다.

이때부터 본격적으로 운동을 하기 시작했다.

클럽의 개운제로 시행된 스프린트대회
운동화를 신고 자전거를 탔다.

당시 오리발 차고 관광수영을 하던 실력으로
맨발 수영에 나섰다.

04-02

TT자전거를 사야 할까

처음에 한동안 많은 고민을 했다. 철인3종용 자전거를 살 것이냐, 원래 사고자 했던 최상급 올라운더 혹은 에어로 타입의 자전거를 살 것이냐... 하루는 철삼용 자전거에 꽂혀있다가, 하루는 원래 사고자 했던 자전거에 꽂혀있고... 며칠째 갈팡질팡하고 있었다. 흘러흘러 내가 철삼을 하고자 하는 이유에 대해서 고민을 해보게 되었다.

기록? 아니었다. 즐기려고 하는 것이다.

아침마다 마주치는 러너 한 분이 있었는데 그분은 마라톤을 주로 하고, 취미를 붙여서 유튜브 채널까지 운영하고 있다. 완전 몰입해서 그것 하나만 파고 있다. 내가 철삼을 한다고 해서 저렇게 할 수 있을까? 전혀! 아니다. 내가 추구하는 부분은 투어링... 어디 여행가서 경치 둘러보고, 운동도 하고, 바람도 쐬고... 그런 적당한 운동을 원하는 것이지 영양섭취, 훈련계획, 인터벌, 대회출전, 기록단축... 이런 걸 별로 좋아하지 않는다. 세상만사 얼마나 골치 아픈 게 많은데 여기에서까지 머리가 아파야 하나 싶기도 하고... 좋아하는 몇 명의 유튜브를 보다보니 아... 세상에 이렇게 대놓고 한 분야만 파는 사람들도 많은데 내가 철삼용 자전거로 기록을 단축하면 얼마나 하겠다고 그걸 살까... 하는 생각에까지 닿게 되었다.

– 철인클럽에 가입할 시점의 일기 –

TT바이크

그러다 결국 2020년 1월, 결국 드디어 철인용 TT(time trial) 바이크를 구입하고, 너무 기뻐서 스튜디오에 가서 촬영까지 했다. 제품은 Trek speedconcept projectone

철인슈즈의 요건

분리된 설포 tongue 가 없어야 한다

일반적인 슈즈들은 모두 설포 tongue 가 있다. 슈즈의 발등을 보호하는 부분이다. 이게 분리가 되어서 신발끈 shoelace 이 끈구멍 eyelet 을 통과해서 나오는 부분들이 직접 발등에 닿아서 문제를 일으키지 않도록 해준다. 그리고 신발끈을 꽉 조이더라도 발등이 손상되지 않도록 보호해주는 것이다. 그러나 철인슈즈가 일반 슈즈처럼 설포가 분리가 되어 있으면 곤란하다.

전환지점 transition 에서 서둘러 슈즈를 신어야 하는데 급하게 신다 보면 설포가 말려들어가기도 하고, 접히기도 하고... 엉망이 되어버린다. 그렇게 되면 시간지연을 초래할 수 밖에 없다. 분리된 설포가 없는 구조여야지만 재빨리 슈즈를 신을 수 있다.

스트랩 strap 이 있어야 한다

힐컵 heelcup, 뒤축 에 부착된 스트랩이 필요한 이유는 2가지이다. 우선 전환지점 transition 에서 일반 슈즈처럼 앉아서 두 손으로 천천히 신발을 신을 여유가 없다. 그리고 익숙해지다 보면 클릿에 슈즈를 먼저 부착해놓고, 마운트 지점까지 맨발로 달려가서 거기서 바로 신발을 신음과 동시에 자전거에 오른다. 이럴 때 슈즈가 수평을 유

스트랩

벨크로

보아다이얼

내가 사용하는 클릿슈즈.
fizik transiro infinito R3

지하도록 하는 방법이 슈즈에 고무줄을 걸어 자전거에 고정을 하는 것이다. 그리고 슈즈를 신고 바로 페달링을 하면 고무줄이 자연적으로 끊어져 나간다. 이렇게 할 때 고무줄을 걸 곳이 있어야 하는데 철인 슈즈에는 스트랩이 달려있어서 가능하다.

그리고 이렇게 마운트 지점에서 급하게 탈 때 한 손가락으로 스트랩을 잡아당겨 바로 신발을 신을 수 있어야 한다. 그렇기 때문에 철인 슈즈에는 스트랩이 필요하다.

벨크로 velcro 가 있어야 한다

다른 클릿 슈즈는 특히 고급형으로 갈수록 보아다이얼을 사용하게 된다. 적당하고 미세한 조임압력이 조절 가능하고, 강하게 조였을 때도 벨크로처럼 밀리거나 시간이 지날수록 풀리거나 하지 않기 때문이다.

하지만 철인슈즈는 벨크로가 효율적이다. 앞서 기술한 바와 같이 전환지점 transition 에서 시간 단축을 요하는 특징 때문이다. 마운트를 지나 신발을 신을 때 급하게 신어야 하는데 보아다이얼을 체결해서 조이는 것은 상당한 위험이 따른다. 한 손으로 대충 체결할 수 있어야 하고, 그렇게 운행하다가 나중에 다시 조절해야 하는데 보아다이얼은 이를 어렵게 만든다. 이러한 점에서 벨크로 타입이 철인슈즈에는 더 적합하다.

다만 일반 클릿슈즈 고급형이 보아다이얼을 2개 정도 사용한다면, 철인슈즈에서는 발가락 쪽으로는 벨크로가 아닌 보아다이얼이어도 상관이 없을 듯 하다. 발등 쪽에만 벨크로가 되면 급하게 신는데는 무리가 없기 때문이다.

위와 같은 3가지 요건이 내가 생각하는 철인슈즈의 요건이다. 다음 철인슈즈를 고를 때 나는 위의 3가지를 고려해서 선택할 것이다.

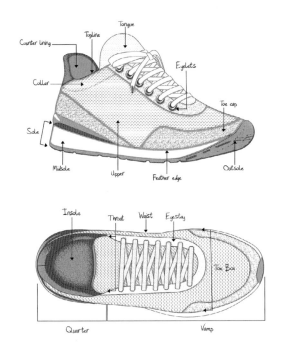

신발의 구조

출처 : Anatomy of the Shoe (shoeguide.org)

철인3종용 가방을 사야 하나

결론부터 이야기하면 사는 게 좋다. 철인3종 운동을 해보니 거의 장비산업 같은 생각이 들었다. 수영 웻슈트와 수영 용품, 자전거와 여러 가지 물품, 달리기 할 때도 고글과 운동화가 필요하니 들고 다닐 것도 많다. 게다가 여러가지 추가적인 물품까지 하면 웬만한 백팩으로는 감당하기가 힘들다. 물론 큰 가방을 구매해서 들고 다녀도 되고, 작은 가방 여러 개로 들고 다녀도 되긴 하지만, 철인3종용 백팩은 주머니가 많이 준비되어 있고, 많은 물품을 빼먹지 않도록 용도별로 주머니마다 친절하게 표시를 해놓은 것이 대부분이다. 그래서 빠진 물품이 없도록 꼼꼼하게 챙길 수 있고, 하나의 가방에 패키징이 되어 한결 간편하다. 다만 철인3종이라는 딱지가 붙으면 가격이 비싼 것이 대부분이므로 가성비를 잘 따져보고 구매해야 한다.

내가 사용하는 OGIO Endurance 9.0 Duffle Bag

04-06

철인하는 사람들은 왜 제모하나

이때까지 선수들이 다리 제모 하는 것을 알았지만 에어로 효과라는 이야기를 듣고 '피식' 했었다. 농담처럼 들렸으니까... 그런데 스페셜라이즈드에서 실험을 했는데 진짜였다. 대체 왜 제모를 하는 걸까? 정말 궁금했는데 제모만으로 에어로 효과를 볼 수 있었다니... 실험 결과대로라면 철인 올림픽 코스(40km)에서 1분을 줄일 수 있다. 대단하다.

다리 제모의 효과

1) 부상 시 털로 인해 사후조치가 어렵지 않게하기 위함

2) 대회 후 마사지의 편의성

3) 에어로 효과

4) 판박이 배번표가 잘 부착됨

그래서 오늘의 시험에서는, 키스가 협조해 주셨습니다 이제 키스의 츄바카마냥 복슬거리는 털을 다리 안쪽으로

출처 : specialized bicycles@youtube

판박이 배번표(헤라 번호표) 어떻게 지우나

대회가 끝나고 뒷풀이 자리에 반바지를 입고 갔는데 우측 다리에 붙어있는 번호표가 눈에 띄는가 보다. 간혹 쳐다보는 사람들도 있다. 다른 선배님이 그거 왜 안지우냐고 한다. 사실 무서워서 못 지운 거였다. 예전에 번호표를 지우려고 각질제거하는 스크럽으로 한 번 문질렀다가 호되게 당한 적이 있었다. 몇 번 문지르니 잘 지워지길래, "오... 효과 좋은데?" 하지만 다리에 멀쩡한 털들이 다 날아가고 모근도 상했으며, 피부마저 벌겋게 손상을 입어서 꽤나 고생을 했다. 이후에 때밀이로 문질러도 보았는데 여간 귀찮고 아픈게 아니었다. 그래서 자연적으로 탈락될 때까지 두고 보자... 했었다.

선배님이 가르쳐주었다. "집에 넓은 스카치테이프 있지? 그걸로 몇 번 붙였다 떼면 되는 걸 왜 안 해?" 아.. 정말 간단한 것이었다. 집에 널려있는 스카치테이프로 몇 번 붙였다 뗐다를 해주니 판박이 번호표가 금세 사라졌다.

판박이 배번표

04-08
철인 대회 첫 도전

2019년 9월, 부산국제 철인3종대회 첫 올림픽코스

처음으로 부산 영도에서 치뤄지는 철인 3종 올림픽코스 대회에 참석했다. 시작은 갑작스러운 클럽 총무님의 연락이었다. 수영이고 뭐고 아무런 준비가 안되었다고 하는데도 막무가내로 권유를 하는 통에 참석버튼을 누르게 되었다. 한번도 공식대회를 나가본 적이 없었고, 그즈음 어설프게 바다수영을 해서는 안되겠다는 결심으로 새롭게 실내수영강습을 받으며 발차기부터 다시 시작한 마당이었다.

원래 계획은 열심히 수영을 연마해서 내년부터 참석의지를 활활 불태우겠다는 것이었다. 그런데 어이없이 총무님의 협박으로 덜렁 참석까지 해버리게 되었던 것이다. 때마침 태풍이 예보되었는데 개인적으로 비맞으면서 돌아다니는 것을 극도로 싫어하다보니 좋은 핑계거리가 되었다. 하지만 애석하게도 시합전 등록하는 날은 비가 오지 않았다. 어떻게든 빠져나갈 구멍을 찾고 있

대회 등록날. 나는 누구인가, 여긴 어디인가, 내가 여기에 왜 서있나? 딱 그런 심정이었다.

는 가운데 친한 형님이 당일날 참가하고 말고는 본인 의지니까 일단 등록은 하라고 하여 함께 등록하러 갔다. 정말 그때는 나는 누구인가, 여긴 어디인가, 내가 여기에 왜 서있나... 이런 마음이었다. 정신 차리고 보니 손목에 놀이동산 입장권 같은 걸 차고 물품백을 짊어지고 있었다.

아... 바다 무서운데...

수영장에서 발차기 하느라고 바다에 못 들어가 본지도 꽤 오래되었는데 말이다.

"내일 비오면 전 안가요"

굳은 다짐의 인사말을 건네고 형님과 헤어졌다. 다음날...비가 안 온다. 어쩔 수 없이 주섬주섬 짐을 챙겼다. 경기장에 도착해서 다른 몇 몇 회원들이 어리버리하고 있는 나에게 이런저런 설명을 친절하게 해주었다. 너무 고마웠다. 웜업 warming-up 을 하고 드디어 시작된 롤링스타트. rolling start, 인원을 나누어 순차적으로 출발

정식 철인3종대회 첫 출전의 날

다행히 무사완주를 했다. 기록은 수영 1.5km 41분, 자전거 40km 1시간 10분, 달리기 10km 43분이었다. 수영이 너무 부끄러울 지경이어서 참석을 안 하려고 했다가 이끌려서 참석했는데, 역시 대회는 우선 참석하고 보는 게 정답인 것을 깨달았다. 꼭 포디움 podium, 시상대 에 올라야 재미가 아니라 참석하는 것 자체만으로도 사람들과 새로운 문화 속에 함께 어

울려 이야깃거리가 풍성해지는 재미가 있었다. 그 해에는 철인3종을 경험만 해보자 하는 정도였는데, 이렇게 공식 경기 대회에 첫 출전까지 해보다니... 특히 완주한 기쁨은 그 무엇보다 컸다.

동호회의 한 형님이 말씀하기를 나이 사오십 먹은 사람들이 이렇게 한 숙소 잡아서 함께 자고 하는 것이 어디서 가능하겠느냐, 다들 각자 바쁘고 다른 인생들인데 대회 참석하는 목표가 있으니 이렇게 모여서 이야기하고 어울리는 것 아니냐고 말씀하시는데 그것도 참 맞다는 생각이 들었다.

어떤 대회에서는 간만에 동호회 사람들 중에서는(절대 전체 순위가 아님) 순위권을 한 형님이 대회 이후 며칠을 두고 여러 동호인들을 돌아가며 순방하면서 자랑을 해대는데, 어찌 보면 참 철이 없고, 어찌 보면 이렇게 다른 사람들이 한 주제로 재미있게 놀 수도 있구나 싶은 생각이 들었다.

철인3종 대회의 종류

철인3종 대회는 코스에 따라 표준, 풀, 하프로 나뉜다.

표준 코스는 올림픽 정식 종목인 트라이애슬론과 동일하다. 총 거리가 51.5km (수영 1.5km, 자전거 40km, 달리기 10km) 이며, 숫자만 따서 5150 레이스라고도 한다.

풀코스는 일반적으로 사람들이 알고 있는 진정한 철인3종 경기로 풀코스 마라톤(42.195km)을 포함하여, 수영 3.8km, 자전거 180km를 달리는 총거리 226km인 정규 아이언맨레이스이다.

마지막으로 하프코스는 풀코스의 딱 반인 113km(70.3mile)를 달리는 레이스로 숫자만 따서 아이언맨 70.3 대회라고도 한다. 그리고 철인3종경기는 남녀 뿐만 아니라 나이대별(보통 5살)로 구간을 나누어 등수(age별 수상)를 매긴다.

경기	수영	자전거	마라톤
스프린트코스	750m	20km	5km
표준코스(5150)	1.5km	40km	10km
하프코스(70.3)	1.9km	90km	21.1km
풀코스(철인경기)	3.8km	180km	42.195km

철인3종 대회 준비물

⟨필수 준비물 체크⟩

- 수영에 필요한 용품 : 웻슈트, 수경, 철인경기복 상하의, 콘택트 렌즈(＋여벌), 수모는 대회수모 지급예정
- 사이클에 필요한 용품 : 사이클(점검, 변속기 충전), 헬멧, 고글, 사이클슈즈, 자전거물통, 가민엣지
- 달리기에 필요한 용품 : 운동화, 모자, 썬글라스, 양말, 바꿈터에서 발 닦을 스포츠수건
- 기타준비물 : 가민워치, 심박계, 레이스벨트, 바세린, 안티포그, 에너지젤, 사이클물통에 탈 에너지음료, 신분증(등록 시 필요), 아침 웜업할 때 입을 바람막이, 썬스틱

⟨선택 준비물 체크⟩

여벌 철인경기복, 여벌 수경, 여벌 모자, 카프슬리브, 정리용 김장비닐, 정리용 작은 크린백비닐, 세면도구(＋칫솔), 로션, 수건, 여벌옷, 슬리퍼, 물티슈, 휴지, 펑크킷＋공구, 배터리(CR2032,2025), 보조배터리와 케이블(＋가민 케이블), 안경케이스, 여분 가방

철인3종 대회 준비물

SNS에 유행하던 대회 체크리스트 사진을 흉내내어 찍어 보았다

트레일러닝은 정말 매력적인 종목이다. 마라톤에 심취해 있던 사람들이 트레일러닝으로 넘어가는 것을 많이 보았다. 너무나도 아름다운 자연 속에 나를 맡기고 뛰어가다보면 마음까지 치유받는 느낌이 든다.

본격적인 운동의 세계로

처음 운동을 시작해 유사 MTB를 타고 뒷산을 오르던 때, 그 산을
뛰어 올라가는 사람을 보고 충격을 받았다. 아니 걸어가기도 힘든
산을 어떻게 뛰어가는거지? 그랬던 내가 어느새 한라산을 뛰어 올라
가고 있었다.

2021년 11월, 트랜스제주

PURNA _ Now or Never

05-01

첫 풀코스 마라톤 완주

2019년 10월, 첫 풀코스 마라톤 대회(경주 동아마라톤)

태어나서 42.195km의 풀코스를 뛰어볼 것이라고는 상상도 하지 못했다. 어찌나 긴장이 되던지... 원래는 매우 열심히 준비를 할 요량으로 매일 같이 마일리지를 채우면서 노력을 했다. 그런데 대회 한 달 전 비오는 날 자전거를 타고 귀가하던 중 길바닥에 철푸덕하면서 낙차. 어깨를 다쳤다. 부상을 입은 다음날 한쪽 팔이 들어지지 않았다. 매우 당황스러웠고 난처했다. 마라톤이 문제가 아니라 당장의 업무에 지장을 주었으니까...

한 3주 가까이를 쉬었다. 달리기를 하면서 팔을 흔드는 동작도 무리가 되니 그동안 해오던 달리기와 수영 모두 중단해야 했다. 대회는 참가하지 않는 쪽으로 가닥을 잡았다. 시간이 흘러 부상 후 3주 가까이 되어가다 보니 팔도 좀 들어지고, 사람들도 많이 참석하는데 참가에 의미를 두고 같이 가보자 싶은 생각이 들었다.

에라 모르겠다. 참가하자. 이제껏 30km 넘게 뛰어본 적이 한 번도 없었다. 마라톤 가기 전에 그래도 한 번은 제대로 뛰어보자 싶어서 주위들은 LSD long slow distance 라는 단어를 써서 클럽에 번개모임을 올렸다.

첫 풀코스마라톤(2019 경주 국제마라톤)

"40km, LSD 갑시다"

마라톤대회 10여 일쯤 남았을 때 올린 그 글에 정말 얼마나 많은 사람들이 댓글을 올린건지... 너무 무지한 탓에 다들 한 수 가르쳐주기 위해서 정말 많은 조언을 해주었다. LSD란 long slow distance 의 약자로 장거리 훈련 방법인데 그 시점에는 전혀 맞지 않는 훈련이었다.

여기에 테이퍼링 Tapering, 훈련의 단계를 낮추어 가는 과정 이라는 개념이 들어가는 것을 이제서야 알았다. 대회 한 달 전부터는 서서히 tapering을 해가야 하는 마당인데 다소 무리스러운 일정이었다. 그리하여 적당한 달리기를 하였고, 계속 쉬는 둥 마는 둥 하다가 대회 당일이 닥쳤다.

철인3종 대회를 참가하려면 거의 장비산업수준으로 엄청나게 챙길 것이 많았다. 하지만 달리기 대회는 짐이 단출해서 좋았다. 가방 하나 들고 나중에 신을 크록스 하나 지참해서 다른 회원들과 함께 대회장으로 향했다. 풍선 달린 페이스메이커가 있다더니... 말로만 듣던 페메를 신기하게 쳐다보았다. 노란풍선을 달랑이며 달린다더니 오늘은 하얀 풍선이다. 출발신호가 울리고 출발선부터 320(3시간 20분) 페이스메이커를 계속 따라다녔다. 풀코스 마라톤은 처음이다보니 전략도 없었고 페이스를 맞출 자신도 없으니 저 페메의 페이스를 따르면 될 것 같았다. 원래는 다른 클럽회원과 함께 하려고 했는데 너무 사람들이 많아서 진로방해 때문에 힘들었다. 페메 주변은 차라리 좀 나았다. 그렇게 별 무리 없이 달렸다.

하지만 달리면서도 참으로 걱정이 된 부분이 '30km가 되면 어떻게 될까'였다. 그때가 되면 퍼질 수 있다고 하는데... 한 번도 뛰어본 적이 없으니, 미지의 영역이었다.

원래라면 몇 번 시험주(시험으로 달리기)라도 해봤을텐데 그러지도 못했고, 참가도 안하려다가 했으니 참으로 대책이 없었다. 물론 내년 대회의 전초전 성격으로 경험이 필요했다고 위안을 삼았지만...

그 불안함은 현실이 되었다. 32km 지점에서부터 '억' 하면서 단박에 다리가 고장이 나버렸다. 숨이 찬 것도 아니고 몸이 힘든 것도 아니었다. 그냥... 갑자기 고장이 나버렸다. 나중에 알고 보니 이것이 '마라톤의 벽'이라고 하는 현상이었다. 글리코겐과 젖산, 탄수화물의 영양학적인 상관관계가 여기에 있었다니...

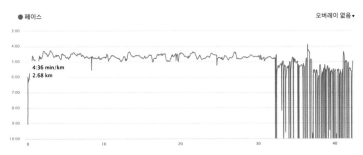

페이스차트. 이것이 마라톤의 벽이었다.

그냥 포기하고 걸었다. 아.. 그래도 좀 뛸까? 하고 몇백 미터를 좀 뛰다가 포기하고 다시 걷고... 막판에는 급수대에서 그냥 서서 물을 마셨다. 포기하고 가는데 동호회의 다른 형님이 지나쳐갔다.

"걷지 말고 천천히라도 뛰어."

그렇게 말을 던지고 가는데 어찌나 멋지던지... 하지만 고장난 다리는 말을 듣지 않았다. 피니시 2km 지점, 지인 몇 분이 하프를 끝내고 벌써 집에 갔을 시간인데 주로 옆에서 나를 기다리고 있었다. 그때부터 응원해주며 피니시까지 함께 뛰어주었다. 너무너무 고마웠다. 용기를 내어서 뛰었는데 그래도 한계가 200m 뛰고, 100m 걷고 정도 밖에 되질 않았다. 피니시는 하자. 걸어만 가도 4시간 안에는 들어갈 수 있다.

그렇게 우여곡절 끝에 피니시에 이를 수가 있었다.

기록은 3시간 37분 3초

첫 풀코스 마라톤의 기록. 도착하자마자 쓰러져서 경련이 일어나고... 함께 해준 지인이 스트레칭 해주고... 완주한 것만해도 감사했다. 마라톤이라는 것이 얕은 수가 없다는 걸 뼈저리게 느꼈다. 참으로 겸손해지고 겸손하게 만든다.

첫 풀코스 마라톤 대회 기록증

피니시를 통과한 후 다리 경련때문에
도저히 움직일 수가 없었다.

sub-3를 꿈꾸다

2019년 12월, 두번째 하프 마라톤 대회(15회 양산마라톤대회)

이번에는 비소식. 비 맞으면서 달릴 생각은 추호도 없었다. 추적추적 내리는 비를 맞으며 달릴 생각을 하니 끔찍했다. 전날 저녁에 동호회의 다른 회원이 술자리를 가지는 걸 보고서 어찌나 막걸리가 마시고 싶던지... 운동을 하게 되면서부터 막걸리에 맛을 들이게 되었는데 달달하고 향이 들어간 막걸리보다 유통기한이 짧고 시큼한 막걸리가 참으로 맛이 났다.

막걸리를 마시고 다음날 비가 내려서 참석하지 않으면 그것만큼 좋은 시나리오는 없었고... 이 좋은 토요일 저녁에 막걸리도 마시지 않고 고이 잠들었다가 다음날 비가 내려서 불참하게 되면 그것만큼 최악의 시나리오도 없었다. 어찌어찌하다가 막걸리는 마시지 않게 되었고, 저녁에 탄수화물 부하를 시킨다고 이것저것 챙겨먹고 자게 되었다. 아침에 일어나니 같이 가기로 했던 회원이 "비온다"라는 글도 남기고, "우리 아침에 막걸리 마시러 가시겠어요?" 답글도 남기고... 당시에도 나는 무언가 큰 목적이 있다기보다 체중감량과 즐길거리로 운동을 하고자 했기에 어떻게든 비맞고 뛰는 것은 피하고 싶은 생각뿐이었다.

이리저리 재다가 전날 탄수화물만 왕창 먹었던 기억에 아직도 속도 더부룩하고 아침에 사람들 출발하는 것만 보고서 수영장에 가서 숏핀끼고 열심히 운동하고, 편육에 막걸리를 마실 생각으로 나섰다.

대회장에 도착해 주차장에 차를 대고, 우산을 들고 구경하러 나섰다. 비는 좀 내렸는데 애매하다. 아직 본격적으로 비가 내릴 것 같지는 않고... 끝까지 참석할까 말까 고민하면서 이리저리 눈치를 살폈다. 같은 클럽의 이 사람 저 사람 만나서 인사하다보니 에라...여기까지 왔는데 비 좀 맞고 뛰자... 그렇게 마음을 바꿨다.

아껴두었던 레이싱화는 비에 젖으면 세탁하기도 곤란해서 평소에 트레이닝화로 신던 신발 그대로 나섰다. 레이싱화로 신어야 그나마 운동화 도핑(좋은 운동화 덕을 봐서 기록이 빨라지는 것)이라도 할텐데 싶었지만, 흙탕물 튀기면서 달릴 자신은 없었다. 옷을 다시 갈아입기 위해 주차장에 들러서 준비를 하고, 같은 클럽 형님과 함께 주로에 섰다. 그래... 두번째 하프 대회 참석이다. 평소에 하프 정도 거리는 많이 뛰었으니 별 문제 없겠지...

드디어 출발. 어차피 풀코스 아니니... 그리고 비도 오고 그냥 되는대로 내질러 달렸다. 역시나 페이스 조절 이런거 없었고, 앞에 만만한 사람이 있으면 뒤에 따라붙었다가 그 사람이 떨어지면 다른 사람 뒤에 붙었다가 하는 식으로 계속 갔다. 풀코스는 글리코겐이 소진되어 낭패를 볼 수 있지만, 하프는 어떻게 버텨지겠지 싶었다. 코스는 단순해서 예측하기는 좋았다. 지난번 풀코스는 거리가 예측이 안되어서 힘들었다.

이번에는 급수대에서 예전처럼 뛰면서 물컵을 잡지는 않았다. 어차피 장거리라는 종목이 끝까지 가야 할 시간이 많이 남았는데, 그 시간 아끼자고 뛰면서 물을 마시니 목은 더 메이고 숨은 더 찬 것 같았다. 그래서 후반부에 물을 마시기 위해서 급수대에 그냥 서서 두 컵으로 한 컵은 입을 헹구고 한 컵을 마시고 다시 뛰었다. 그래도 지난 경주에서처럼 포기하고 서서 마시지는 않잖아? 하하. 어쨌든 무사히 완주를 했다. 완주하고 기념메달과 초코파이를 받아서 나오니 이제 빗방울이 굵어지기 시작한다.

기록은 1시간 30분 13초

뛰고 보니 아쉽다. 그래도 기분상 29분이면 좋은데... 괜히 급수대에서 섰나... 하하. 뛰고 나서 주최측에서 공짜로 찍은 사진을 다운받게 해주었는데 확인을 해보았다... 아... 사진을 보고 탄식이 나왔다. 이건 아무리 신발이 트레이닝화라고는 하지만 너무 전형적인 힐스트라이커(뒷꿈치 주법)였다. 마음은 미드풋이었는데... 역시 몸 따로 마음 따로이다. 부끄럽다. 좀 더 자세를 제대로 배워야겠다는 생각이 절실하게 들었다. 그래도 두 번째 하프마라톤 대회라서 그런지 첫 번째보다는 덜 긴장되어서 좋았다. 대회가 끝나고 나서는 길에 클럽의 엘리트급 형님의 전화가 왔다.

"너 한 번 달려볼래? 내년 3월에 동마(동아마라톤) 서브쓰리 sub-3, 3시간이내 완주 같이 준비해보자."

가슴이 뛰었다.

나같은 사람에게 같이 훈련하자는 제의를 해주다니...

결국 비 내리는 주로를 달렸다.

참가를 안 한다고 했다가 선크림을
잔뜩 바르고 나타나서는 달렸다.
그것도 비 오는 날에...
나도 이해가 안 가는 웃긴 행동이었다.

R U N

서브쓰리(Sub-3)

마라톤 풀코스 42.195km를 3시간 이내(정확히는 2시간 59분59초)에 완주하는 것이다. 259라고도 한다. 아마추어 러너들이 달성하기 어렵기 때문에 '꿈의 기록'으로 불린다. 이를 위해서는 1km를 4분15초의 페이스로 달려야 한다.

249

마라톤 풀코스를 2시간49분59초안에 완주하는 것이다. Sub-3에서 한 단계 더 뛰어넘는 기록대인지라 이를 구분해서 부른다. 이를 위해서는 1km를 4분01초의 페이스로 달려야 한다.

마라톤에서는 통상적으로 시간, 분을 빼고 320(3시간20분), 330(3시간30분) 하는 식으로 숫자로만 기록을 이야기한다.

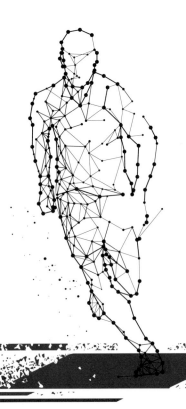

코로나의 시련

2020년 1월, 두번째 풀코스 마라톤(15회 여수마라톤대회)

본격적으로 클럽내 동마(동아마라톤) 준비모임에 들어가서 열심히 마일리지를 쌓았다. 지난번에는 대회 전에 워낙 달린 것이 없었지만, 이제는 함께 준비하니 자신이 생겼다. 겨울동안 열심히 훈련을 하였다. 하지만, 부상이 또 문제였다. 1월에 있는 여수풀코스 마라톤대회 1주일 전 트레일런을 열심히 하면서 내리막을 신나게 내려오고 나니 평소에 '내리막은 걸어야 한다'는 신조를 깬 것이 계속 걸렸다. 이후 피로탓인지 다소 휘청휘청한다는 느낌이 들었는데 대회 3일전 야소800을 하는데, 안그래도 그냥 조깅페이스로 할까 하다가, '그냥 하는대로 따라가자' 했다가 2바퀴째...왼쪽 무릎이 '시큰!!' 아... 결국 사단났네... 더 달리면 제대로 부상으로 이어지겠다 싶었고, 통증으로 바로 절뚝거리면서 스피드주를 중단했다. 그리고 제대로 마치지도 못하고 돌아왔다.

금요일날 쉬고... 그래도 일요일에 대회 나가야 하는데 싶어, 토요일날 모임에서 조깅페이스라도 맞춰야겠다 싶어 나갔는데 처음부터 느낌이 안좋더니 2km만 달려도 바로 통증이 왔다. 글렀다... 약속했던 대회가는 건 무리였다. 뒷풀이에서 먹기로 했던 여수 간장게장이라도 먹어야겠다 싶어서 "제가 운전하겠습니다" 말씀드리고 혹시나... 희망의 끈을 놓지 않고, 토요일 오후부터 드러누워서 피로회복에 힘썼다. 그리고 혹시나 나갈지도 모르니, 라면에 밥도 말아먹고...최대한 탄수화물만 먹었다.

일요일 새벽. 여수에 가기 위해 깜깜한 새벽 4시30분에 일어나서 함께 가기로 한 클럽 회원들과 만났다. 일상적인 걷기는 괜찮은 것 같아 실낱같은 희망을 가지고 함께 출발했다. 대회장인 여수엑스포장에서 클럽의 누님이 무릎에 테이핑을 해주었다. 그렇게 주로에 서보기로 했다. 그냥 5km라도 달리고 들어오라고 격려해주었다. 다른 형님들은 먼저 웝업 warming-up 하러 나갔고, 나는 서포터로 온 누님과 함께 20m정도 뛰었는데 여전히 무릎이 시큰거렸다.

"에고... 이거 좀 달리다가 들어와야겠네요"

누님과 함께 주로로 갔는데 두 형님은 찾을 길이 없었다. 누님이 자꾸 앞으로 가라고 해서 갔다. 의도는 '앞에서 뛰어나가다가 형님들을 만나라' 였다. 출발 2분도 남지 않은 상황에서 가민시계를 켰지만 GPS를 잡지 못했다. 정말 낭패였다. 이렇게 되면 페이스고 뭐고 아무 것도 알 수가 없는데... 출발신호가 울리고 모두 뛰쳐나갔다. GPS도 잡지 못한 상태에서 가민워치에서 스타트를 눌렀다. 시간이라도 볼 수 밖에 없었다.

마라톤은 어설픈 수, 어설픈 인간들, 얻어걸린 기회, 그런 것들이 없다. 믿을 건 내 두 다리와 심장 뿐

보통 시계를 1km마다 알람이 울리도록 맞추어두는데 이 기능도 실수로 꺼놓아서 정말 타이머만으로 달려야만 했다.

페이스가 맞는지, 얼마나 왔는지, 정확하지도 않고 어떤지도 알 수 없었다. 무릎이 불편하니 지금 내가 달리는 감각이 가르쳐주는 느낌이 뭔지, 속도가 뭔지도 정확하지 않았다. 늘 하듯이 그냥 만만한 사람 뒤에 붙어갔다. 여수 바닷가라 그런지 똥바람은 장난이 아니고 이날 기온도 너무나 낮았다. 마음을 비우고 '완주'에 포커스를 맞췄다. 페이스는 고장이 나서 아무리 달려도 5분 20초 안으로 들어오지 않았다. 그래도 꾸역꾸역 달리다보니, 어느새 무릎 통증이 사라져갔다. 에라 모르겠다. 돌아갈 길도 까마득한데, 그냥 열심히 달리자. 반환점을 돌고 오는데 오줌이 마렵기 시작했다. 예전 같으면 참았을텐데 이 대회는 사람이 별로 없는지, 돌아가는 길도 사람들이 별로 없어서 주로 한구석에 가서 오줌을 눴다. 한참을 달리다가 이번에는 한 30km쯤 가니 목이 말랐다. 그동안 어차피 중도 포기할 생각으로 물도 안마셨던지라 이제사 목이 말라 급수대를 찾았는데, 때마침 귤도 있었다. 그냥 서서 귤도 하나 받아 먹었는데, 웬걸? 젤로는 채워지지 않는 허기짐도 채워지고 아주 좋았다.

이 대회는 언덕이 많았다. 언덕은 나름 좋아하는 편이어서 언덕을 오를 때는 거침없이 올랐다. 다만 오를 때 제쳤던 사람들이 언덕에서 내려올 때는 모조리 나를 제치고 지나갔다. 다행히 무릎의 통증이 지금은 느껴지지 않는다 해도 언덕을 뛰어내려가면 정말 제대로 무릎이 아작날 것 같았다. 총총 걸음으로 내려와 뒤따라가다가 다시 언덕이 나오면 그 사람들을 제치고, 다시 내리막에서 제쳐지고... 그렇게 가다보니 끝이 보였다. 정말 감사한 건, 지난번처럼

32km 지점에서 shut down되는 상황을 겪지 않았다는 점이었다. 숨은 어차피 차지 않으니, 힘을 더 낼 수 있었다. 그리고 마지막까지 힘내서 골인. 골인지점을 통과하고 혼자서 울컥해서 눈시울을 붉히고 바로 가방을 찾으러 갔다. 피니시 라인은 언제, 어떻게 들어와도, 행복한 것 같았다.

기록은 3시간 11분 40초

나중에 들어보니 언덕이 많아서 어려운 코스라고 했는데 두 번째 풀코스 마라톤에서 기록향상을 하니 너무나 감동이었다. 처음의 풀코스도 감동이었지만 말이다. 10km도, 하프도 잘 달리는 사람은 많이 있지만, 풀코스 마라톤에서는 워밍업일 뿐이다. 마라톤은 30km부터가 시작이다. 기본적으로 얄은 수가 통하지 않는 묵직함이라고나 할까. 그래서 사람들이 인생을 마라톤에 비유하나보다.

2020년 3월 서울 동아마라톤 세번째 풀코스에서 노력한 만큼의 기록을 이루고 싶었다. 구체적으로는 sub-3는 아마추어들에게 꿈의 기록이라는데 그동안 열심히 준비를 했기에 가능하지 않을까? 생각을 했다. 하지만 2020년 초부터 심상치 않더니 결국 코로나19 바이러스로 인해 모든 것을 포기해야만 했다. 모든 게 취소가 되어버렸다. 삶이란 내가 원한 바대로 되는 것은 아닌 것 같았다. 아쉬움을 달래기 위해 함께 훈련하던 팀에서 그동안 훈련한 것이 아까우니 뭐라도 나가자 싶었다.

2020년 2월 펠트부산 철인3종 아카데미에서 자체적으로 시행한 하프마라톤에 나갔다. 코로나 시국이니 기록을 그나마 남겨줄 수 있는 대회는 이것이 유일했다. 코로나19 바이러스의 유행은 남달랐

고, 우리의 삶에 치명적인 위협으로 다가와 앞으로의 모든 대회에
도 영향을 미칠 상황이었다. 나도 대회로 나갈 수 있는 기회는 이것
이 거의 마지막이라고 생각해서 마음의 준비를 하고 비장한 마음으
로 나섰다.

　"뿌우~"

　출발 신호가 울리고 최선을 다해서 달렸다. 누가 앞서고 누가 뒤
서고 그것은 중요하지 않았고, 겨울동안 고생한 것이 너무 아까운
데 이 대회가 나의 시간을 조금이라도 기록해줄 수 있는 유일한 대
회이기에 그냥 내달렸다. 정해진 트랙을 도니 정말 지루할 수도 있
지만, 기록만큼은 정확했다. 앞선 주자의 등을 보며 거친 숨소리를
느끼며 그냥 달렸다. 트랙을 달리며 배운 건 하나였다. GPS를 보지
말고 타이머만 보기.

　몇 초를 빼고 몇 초를 더하고... 그냥 그 시간만 보면서 달렸기 때
문에 트랙을 돌면서 오히려 지루하지 않게 시간에 쫓겨 달린 것 같
았다.

　기록 1시간 23분 34초

평생 살아오면서 '한번도' 달려본 적도 없고, 기록을 내본 적도 없고, 훈련해 본 적도 없던 초보 달림이가 이 정도 기록을 내니 너무 뿌듯했다. 서울 동마에 나가보고자 하는 열망을 가졌는데 이제는 접어야 하는 현실을 받아들여야 했다.

그렇게 2020년 한 해 모든 대회가 취소되고 잠시 쉬어간다는 것이 오랜 세월이 되어버렸다.

원래 계획은 2020년 3월에 서울 동아마라톤에서 sub-3를 달성하고, 클럽 사람들과 6월에 필리핀 세부의 철인3종 하프대회와 고성 철인3종 하프대회를 거쳐서 구례 철인3종 풀코스까지 가보고 싶었다. 그리고 나의 버킷리스트였던 미대륙에서의 자전거 라이딩 계획도 세웠는데 모든 계획이 한순간에 물거품이 되고, 운동에 이제 재미를 붙이기 시작한 입문자에게는 가혹한 시간이 되어버렸다.

달린다는 건 의외로 근사한 경험이다

LSD를 통해 바라본 마라톤 훈련 vs 운동

나는 사람들이 훈련을 한다길래 대체 무슨 소리일까 생각을 해보았다. 운동이면 운동이지 왜 자꾸 훈련이라고 할까? 체육계에 한 번도 몸담은 적이 없다 보니 별 차이도 없는 것 같은데 사람들이 '훈련'이라는 명칭을 붙이니 뭔가 거창해보이고 웃겨보였다. 시간이 지나면서 혹은 내가 조금씩 겪게 되면서 그 차이에 대해서 생각을 해보게 되었다.

❝ 운동이면 운동이지 왜 자꾸 훈련이라고 할까? ❞

풀코스 마라톤 훈련은 기본적으로 젖산역치 강화훈련 같다. 달리면 어차피 글리코겐은 바닥나기 마련이고, 그렇다면 케톤체를 이용해서 ATP를 만들어 내야하는데 글리코겐을 이용해서 만들어낼 수 있는 ATP와는 비교할 수 없을 정도로 비효율적이다. 게다가 케톤체를 사용하게 되면 젖산이 자꾸 쌓이게 되어 근육이 무거워지고, 급기야는 경련을 일으키게 된다.

이를 극복하기 위해서 대회 날 탄수화물 loading을 극대화하기 위해(글리코겐을 많이 저장하기 위해) 대회주간동안 탄수화물을 바닥내고, 단백질 loading 후 다시 탄수화물을 저장하고, 다시 탄수화물을 바닥내고... 단백질 loading, 그리고 전날 탄수화물만 loading.

글리코겐 저장량을 극대화하기 위해 그렇게 하는 사람들도 있고, 기본적으로는 대회 전 날에 탄수화물 loading을 통해서 최대한 글리코겐이 늦게 바닥나도록 에너지를 비축히는 것이 공통된 것 같다. 또한 케톤체를 잘 이용하기 위해서, 케톤체를 잘 끄집어내도록 글리코겐 starvation(절식, 기아) 상태에서 훈련을 통해 그 능력을 올린다던지... 케톤음료를 마시는 사람들도 있었다. 하여튼 중심적인 내용은 결국에는 쌓이게 되는 젖산역치를 올리는 것이 가장 중요한 것 같았다. 결국 글리코겐은 바닥이 나게 되니까.

글리코겐을 많이 집어넣든지, 케톤을 잘 이용하든지, 젖산에 잘 버티든지... 여러 글을 읽어보면 이것이 그 내용을 관통하는 핵심이지 않을까 싶었다.

> 글리코겐을 많이 집어넣든지
> 66   케톤을 잘 이용하든지   99
> 젖산에 잘 버티든지

'훈련이랑 운동은 무슨 차이일까' 라는 생각을 해보게 되었다.

만약 운동이라면 달리다가 생리적인 현상(소변 or 대변)이 있다면 주저 않고 해결한다. 소화가 되지 않던 것이 잘 풀려나온다는 신호이니까... 배설이 원활하니 몸은 더욱 건강해지고 더욱 맛있게 먹을 수가 있다.

하지만 훈련이기 때문에 생리적인 현상을 제어하기 위해 노력을 해야 한다. 달리기 전에는 일정시간 이전부터는 수분을 제한하고 전 날에는 속을 거북하게 할 만한 음식이나, 규칙적인 배변을 방해할 음식을 모두 피해야 한다. 실제 대회에서 주로 한 가운데에서 배변을 하고 싶다고 할 때, 정말 난감해지고 시간을 엄청나게 빼먹을 뿐만 아니라 정신적인 소모도 크기 때문이다.

만약 운동이라면 내리막은 걸어내려가야 한다. 무릎 연골이 상하기 딱이니까!

하지만, 훈련이기 때문에 어떻게 하면 무릎을 상하지 않게 하면서 빠른 속으로 내려갈지 자신에게 맞는 방법을 강구해 내야만 한다. 어차피 대회에 나가면 걸어내려올 정신은 애초에 가지지도 못한 채 여러 러너 속에서 정신없이 뛰다보면 무릎 나가기 딱이니 말이다.

만약 운동이라면 뛰다가 배고프면 멈추면 된다. 이는 운동이 충분히 되었다는 것을 의미한다. 생리적인 신호에 따라 입맛이 당기는 음식점에 들어가 비워진 속만큼 훌륭한 영양분들을 집어넣으면 된다. 생각만해도 건강해질 듯 하다.

하지만, 훈련이기 때문에... 참아야 한다. 젖산역치를 올리기 위해서 버텨야 한다. 달디단 파워젤을 먹는다. 하지만 어떤 사람들에게는 에너지바가 더 좋기도 하다. 각자의 경험에서 나온 결론을 자신의 마라톤 성적과 연관지어 어느 방법이 더 좋다고 권유들을 한다. 결국 중요한건, 자신에게 가장 잘 맞는 영양보급 방법을 위해서 여러가지 시도를 해볼 수 밖에 없다는 것이다. 큰 틀에서 벗어나지만 않는다면...

만약 운동이라면... 전날 다른 사람들과 어울려 즈위프트를 하고, 당일 LSD를 해도 된다. 또 어떤 달림이처럼 매일 같이, 많은 마일리지로 러닝을 해도 된다. 건강을 위해서...

하지만, 훈련이기 때문에... 전날 즈위프트는 타지 않는게 좋다. 조깅 이상의 러닝도 무리스럽다. 음주는 더욱 그렇다. 훈련을 위해서 최고의 몸 상태를 만들어서 뛰어야 하기 때문에 이런 것들은 최대한 피해야 한다. '휴식'이 중요하게 된다. 휴식하지 않고 객기로 덤비게 되면 올바른 훈련이 되지 않을 뿐 아니라 '부상'의 위험마저 초래하게 된다.

일단, 생각나는 것들은 이 정도이다.

초기에는 궁금했던 부분들인데, '왜 저 사람들이... 별반 선수들 같이 달리지도 않으면서 훈련이라고들 할까' 라고 고민했던 부분에 대해서 스스로 답을 하게 되었다.

" 달리는 수준의 문제가 아니라, 접근의 문제였던 것이다. "

달리기 역학관련

평균 러닝 회전수 ⓜ	181 spm
최대 러닝 회전수	199 spm
평균 보폭 ⓜ	1.14 m
평균 수직 비율 ⓜ	5.9%
평균 수직 진폭 ⓜ	6.9 cm
평균 지면 접촉 시간 밸런스 ⓜ	48.8% L / 51.2% R
평균 지면 접촉 시간 ⓜ	258 ms

페이스

평균 페이스 ⓜ	4:51/km
평균 이동 페이스	4:51/km
최대 페이스	3:48/km

속도

평균속력	12.4 km/h
평균 이동 속력	12.4 km/h
최고 속력	15.8 km/h

타이밍

총계	3:00:01
이동 시간	2:59:42
경과 시간	3:01:54

심박수

평균 심박 ⓜ	160 bpm
최대 심박수	192 bpm

트레이닝 효과

기본 이점	VO$_2$ 최대
유산소 ⓜ	5.0
무산소 ⓜ	3.8
운동 부하	499

도움

랩	시간	거리	평균 페이스
1	6:30.4	1.00 km	6:30/km
2	4:52.6	1.00 km	4:53/km
3	5:30.6	1.00 km	5:31/km
4	5:18.7	1.00 km	5:19/km
5	5:37.7	1.00 km	5:38/km
6	5:36.8	1.00 km	5:37/km
7	5:15.0	1.00 km	5:15/km
8	4:21.3	1.00 km	4:21/km
9	4:16.4	1.00 km	4:16/km
10	4:44.5	1.00 km	4:44/km
11	4:50.0	1.00 km	4:50/km
12	4:56.6	1.00 km	4:57/km
13	4:48.6	1.00 km	4:49/km
14	4:46.2	1.00 km	4:46/km
15	4:30.7	1.00 km	4:31/km
16	4:33.7	1.00 km	4:34/km
17	4:44.6	1.00 km	4:45/km
18	4:32.3	1.00 km	4:32/km
19	4:30.2	1.00 km	4:30/km
20	4:33.2	1.00 km	4:33/km
21	4:36.9	1.00 km	4:37/km
22	4:31.5	1.00 km	4:31/km
23	4:37.3	1.00 km	4:37/km
24	4:22.6	1.00 km	4:23/km
25	4:26.3	1.00 km	4:26/km
26	4:25.3	1.00 km	4:25/km

27	4:45.6	1.00 km	4:46/km
28	4:58.3	1.00 km	4:58/km
29	5:39.0	1.00 km	5:39/km
30	5:36.1	1.00 km	5:36/km
31	4:27.5	1.00 km	4:28/km
32	4:22.9	1.00 km	4:23/km
33	4:33.5	1.00 km	4:33/km
34	4:28.0	1.00 km	4:28/km
35	4:15.4	1.00 km	4:15/km
36	4:07.6	1.00 km	4:08/km
37	6:10.5	1.00 km	6:10/km
38	0:47.0	0.09 km	9:04/km
총계	3:00:01.4	37.09 km	4:51/km

LSD 차트

매우 공들여서 LSD를 했다. 위의 차트를 보면 어떤 게 눈에 들어오는지? 처음에 LSD를 했을 때, 그 이름처럼 Long Slow Distance를 대화가 가능할 정도로 달려야 한다. 3시간 정도... 30km 정도 달려라... 마라톤 온라인에 나와있던 조언이다. 그런데 개념없이 바라볼 때는 '단순히 장거리를 뛰어야 하는구나' 라고만 생각을 했는데 앞서 언급한 내용을 기초삼아 곰곰히 바라보다 보니 많은 것을 느꼈다. 만약에 개념없이 위의 flow chart를 보면 아... 37km를 3시간동안 달렸구나 하는 생각밖에 들지 않았을 것이다.

하지만, 이 결과는 운동이라는 개념으로 늘 LSD를 해오던 내가 훈련의 개념으로 인지한 첫 LSD 였다.

2시간 달리기, 하프 달리기 이런 것은 젖산역치훈련이 아니다. 물론 안 달린 것보다야 훨씬 나을것이다. 칼로리 소모는 당연히 되고, 근육은 튼튼해지겠지만, 풀코스를 위한 훈련은 되지 않는다고 본다.

"퍼진다"

결국은 그렇게 될 것이다. 젖산역치에 대한 훈련이 되어있지 않으니까. 어떤 마라토너들은 장거리주에 40km를 달리기도 하고, 50km를 달리기도 한다. 그 젖산역치에 대한 가장 기본적인 최소점이 30km 3시간주인 것 같다. 그리고 LSD를 할 때, 중요한 점은 pace가 절대 들쭉날쭉하면 안되고 일정하게 유지가 되어야 한다는 점이다.

중간 보급할 때도 물만 얼른 마시고 뛰어야 하며, 생리적인 현상은 되도록 참아야하고 에너지가 바닥나기 전에 달리면서 중간중간 공급해주어야 한다. 하프거리를 지나야 비로소 훈련이 되는 부분에 돌입하게 되는 것이며, 40~50km 달림이와 비교하여 부족한 부분을 채워주기 위해서, 젖산역치 강화를 하기 위해서, 마지막 3~4km를 빌드업 질주를 해야한다. 그런 다음 쿨다운....

여기에 개인적으로 하려고 했던 훈련내용들이다.

평균 케이던스는 180정도는 되어야 미드풋이 되며, 200이상 갈 때는 심박이 지나치게 오르는 것을 경계해 주어야 한다. 내리막을 달릴 때에는 다리를 이용하여 되도록이면 휘청이지 않고, 11자를 유지한 채로 미드풋으로 바닥을 내딛어 찍고 무릎이 아닌, 발목과 고관절을 통해서 충격을 받아내고, 발을 최대한 뒤로 올릴 수 있어야 보폭이 커지며 빨리 갈 수 있다.

바퀴가 굴러가는 느낌이 나야한다.

팔은 '팔치기'를 이용하면 좋고, 팔치기를 할 때는 앞보다는 뒷쪽으로 약간의 반동을 주어 몸 전체가 앞으로 나아가는데 도움을 주어야 한다. 가슴은 펴되, 머리나 상체를 약간 앞으로 숙일 수 있어야 한다. 이렇듯 이번 LSD는 최대한 많은 공을 들였다. 기준을 지켜 데이터를 남겨두어야 다음번 LSD는 좀 더 나은 차트를 도출해 내었는지 결과는 어땠는지 비교가 될 것 같다.

'훈련'으로써 말이다.

이렇듯 훈련하기란 참 피곤해서 풀코스 마라톤에서 sub-3 후 다시 '운동'으로 돌아가고자 했던 것이다. 그리고 정말 마라톤을 사랑해서 이렇게 계속 훈련하는 마라토너들... 존경스러울 따름이다.

카보로딩이 뭐지

　대회를 앞두고 '카보로딩'이라면서 사람들이 탄수화물을 엄청 먹어대는 것을 본 적이 있다. 과연 카보로딩이라는 것이 무엇인지 어떻게 하는 것인지 궁금했다.

　카보로딩은 Carbohydrate Roading의 줄임말로 탄수화물 저장을 최대한으로 올리기 위한 방법이다. 대부분의 대회는 일요일이므로 이를 기준으로 해서 월요일부터 수요일까지는 탄수화물을 제한

하고 단백질 위주의 섭취를 하고 목요일부터는 탄수화물 위주의 식사를 하는 방법이다. 어떻게 해야 더욱 더 많은 글리코겐을 우리 근육에 저장할 수 있는지는 장거리 달리기를 하는 사람들에게는 공통된 관심사인데 이는 탄수화물이 장거리 달리기에 가장 중요한 연료이기 때문이다. 즉 많은 양의 탄수화물을 근육과 간에 축적하고 있으면 장거리 달리기에 당연히 도움이 된다.

음식의 3대 영양소는 탄수화물, 단백질, 지방이고 그 외에도 여러 영양소를 몸의 에너지원으로 사용한다. 하지만 어떤 음식도 순수 탄수화물, 순수 단백질로 딱 나눠져 있지 않은 점은 알고 있어야 한다. 탄수화물은 탄소의 수화물로 잘못 오기되어서 탄수화물로 명칭이 되나 '당복합체' 라는 표현이 적절하고, '당질' 이라는 표현도 가능하다. 이것이 섭취되면 최종적으로 포도당 glucose 상태로 몸에서 사용된다. 혈액에 돌아다니는 포도당을 글리코겐의 형태로 간과 근육에 저장을 하게 되고, 포도당이 필요할 때 1차적으로 꺼내어 쓰게 되는데 저장된 글리코겐은 12~24시간 정도면 고갈이 된다고 한다.

월~수까지는 단백질을 로딩하고 탄수화물을 커팅함으로써 간과 근육에 저장된 글리코겐을 최대한 바닥을 내고자 하는 것이다. 그런 후 목요일부터는 순수 탄수화물 위주로 식사를 해서 최대한 몸에 축적을 하는 개념이다. 이 탄수화물들은 일요일 대회에 모두 쏟아낸다는 생각을 하면 된다. 대회 준비를 위해 체험을 해보니 여간 고역이 아니었다. 평소에 얼마나 탄수화물 세상에서 살았는지를 깨닫게 되었다. 일단 달달한 것은 모두 탄수화물의 범주에 들어갔다. 쥬스, 라떼부터 웬만한 마실 것은 모두 다... 그래서 우유도 생각을 해봤는데 우유에도 유당이 들어있다. '당' 자가 안 붙은 게 잘 없었다. 그나마 머리를 굴려 찾아낸 것이 '제로콜라' 같은 것이었다. 그건 먹어도 될 것 같았다. 케잌, 파스타, 라면, 밥, 야채, 우유, 라떼, 쥬스... 그 수많은 맛있는 음식들이 주로 '탄수화물'이었다. 게다가 식당에 고기가 나온다길래 먹으려고 했는데, 생각해보니 고기에 첨가된 양념들. 죄다 '당질'이었다.

반대로 탄수화물을 커팅하고 단백질을 섭취하는데 '우리가 평소에 참으로 단백질을 섭취할 기회가 잘 없었구나' 싶었다. 고기도 가끔씩 먹은 것 같고, 닭가슴살도 치킨의 한 부위로 아주 가끔 먹을 뿐이며 두부도 웬만해선 잘 안 먹었다. 순수 단백질 섭취가 잘 없었구나 싶었다. 그래서 월~수요일까지 왜 단백질을 먹어야 하는지도 이해가 되었다. 수요일쯤에는 근육에 강한 자극을 주는 운동을 해서 그나마 남아있는 탄수화물을 끝까지 바닥나도록 노력까지 하는데, 이는 만약 탄수화물을 커팅한 상태에서 단백질을 많이 섭취하지 않으면 근손실이 상당할 것이기 때문이다.

실제로 해보면서 이런 부분을 깨닫게 되었는데 헬스트레이닝 하는 사람들이 평소 영양섭취를 어떻게 하는지 이해가 가기 시작했고, 그들이 근손실에 대해 걱정하면서 왜 그토록 단백질을 챙겨먹는지도 단박에 이해가 갔다. 그나마 유산소 운동이니까 탄수화물 로딩이라도 하지, 웨이트족으로 가게 되면 탄수화물이 근성장에 도움이 되질 않으니 '계속 엄격한 식단조절을 해야하구나' 싶었다.

에너지젤은 당뇨를 유발하는가

현재 당뇨는 없지만, 가족력을 가지고 있는 친구가 나에게 한 질문이다. 광노화와 스포츠노화에 신경을 쓰던 그 친구가 자전거를 사고, 한강 자전거길을 다니기 시작하더니 어느새 남산을 오르기 시작한다. 장거리 라이딩을 가보고 싶은데, 힘들어서 못 간다고 하여 알려주게 된 것이 에너지젤이다. 에너지젤을 먹고 난 뒤 '신세계'라고 평가를 했다. 그런데 이번에는 이런 질문을 던진다.

❝ 에너지젤은 급격한 혈당피크를 일으킬텐데 ❞

❝ 당뇨유발은 하지 않을까? ❞

정말 고민 해 볼 만한 질문 같았다. 일상적인 생활, 일상적인 식습관, 그리고 오버하지 않는 적당량의 영양은 췌장에서 계획된 양의 인슐린을 정해진 시간에 분비하게 되고 이런 경우는 2형 당뇨병은 거의 생기지 않는다고 생각하면 된다. 하지만 운동의 영역에 들어오고 급격한 에너지 소모를 하게 된다면? 이제 고민을 해보아야 하는 영역이다. 운동을 넘어서 훈련을 해야 한다면? 그 때는 계속 연료를 때워가며 훈련을 해야 한다. 이때 에너지젤 같은 여러 운동용 식품을 섭취하게 된다. 성과를 내야 하기 때문에 이런 류의 식품은 필히 혈당피크를 일으킬 수 밖에 없을 것 같은데, 정말 고민해 볼 만한 주제인 것 같다.

우선 운동 중 에너지젤을 사용하는 것은 혈당을 유지하기 위한 것이다. 과도한 섭취는 혈당을 높일 수 있기 때문에 장기적인 관점에서는 당뇨의 발병 가능성을 가지고 있다. 그러나 이에 대한 결론을 내리기 위해서는 당뇨 발병 위험요인과 관련된 여러 가지 요소를 고려해야 한다. 예를 들어 가족력, 식습관, 비만, 운동 부족 등과 같은 요인이 당뇨 발병 위험과 관련이 있으며, 운동의 강도, 지속시간, 개인의 체력 수준 등에 따라서도 결과는 다를 수가 있다.

결국 '다인자' 요인이라는 것이다. 에너지젤을 적절히 사용하는 것은 운동 중 혈당 수치를 유지하는 데 도움이 될 수 있는데, 낮아진 혈당수치를 올리고 운동능력을 유지하는 데는 도움이 되지만, 다인자 요인에서 낮은 운동수행상태와 낮지 않은 혈당수치에서는 오히려 혈당을 올리게 되는 상황이 벌어지게 되는 것이다. 그리하여 과도한 사용은 당뇨 발병 위험을 증가시킬 수 있기 때문에, 사용량에 대해서 적절한 관리가 필요하게 된다.

만약 당뇨가 이미 진단된 경우에는 의사나 영양사와 상담해 적절한 식습관 및 운동 계획을 수립하는 것이 중요하게 된다. 다만 이러한 '다인자' 요인에서 문제되는 부분은 '모니터링'이다. 본격적으로 당뇨를 앓고 있는 사람들은 당뇨수치를 수시로 체크하게 되지만, 당뇨 전단계나 가족력만으로 적극적인 모니터링을 하기는 어려울 테니까... 다인자라는 것이 모든 것을 어렵게 만든다.

" 다인자라는 것이 모든 것을 어렵게 만든다. "

몇몇 논문을 찾아보았다.

Jørgen Jensen. Nutritional concerns in the diabetic athlete. Curr Sports Med Rep. 2004;3(4):192-7.

1형 당뇨병 환자의 경우에는 운동이 저혈당을 유발할 수 있기 때문에, 운동 전 탄수화물이 풍부한 식사를 하고 인슐린 용량을 줄이며, 운동 중에는 최소 40g의 당류를 섭취하도록 권유하고 있다. 2형 당뇨병 환자에게도 인슐린 감수성을 개선하기 위해 운동은 권장되는데 이때 저혈당에 빠지지 않도록 탄수화물을 섭취하되 과용하지 않도록 경고하고 있다.

Sam Scott, Patrick Kempf, Lia Bally, Christoph Stettler. Carbohydrate Intake in the Context of Exercise in People with Type 1 Diabetes. Nutrients. 2019 Dec; 11(12): 3017.

운동 자체가 혈당 반응에 영향을 미치는 여러 변수를 가진 복잡한 대사 스트레스이기 때문에 저혈당을 예방하고 운동 시합을 촉진하기 위한 탄수화물의 섭취는 탄수화물의 양이라던지, 운동의 시기, 탄수화물의 종류 등의 여러 측면을 고려해야 한다. 그래서 적절한 혈당을 유지하기 위한 노력이 필요하다고 결론을 짓고 있다.

Fatemeh Hosseini, Ahmad Jayedi, Tauseef Ahmad Khan, Sakineh Shab-Bidar. Dietary carbohydrate and the risk of type 2 diabetes: an updated systematic review and dose–response meta-analysis of prospective cohort studies. Sci Rep. 2022; 12: 2491.

29,228건의 사례를 가진 607,882명을 대상으로 한 메타 분석 연구에서 총 칼로리의 45~65% 이내에서의 탄수화물 섭취는 2형 당뇨병의 위험과 관련이 없고, 50%의 탄수화물 섭취에서는 오히려 약간 낮은 위험도를 가진다고 한다. 총 칼로리의 70% 이상의 탄수화물 섭취의 경우에는 위험도를 높인다고 보고되나 이러한 결과도 관찰 연구에서 얻은 것이기 때문에 인과성을 입증할 수는 없다고 한다.

보통 성인 남성의 하루 권장 칼로리는 2,700kcal, 성인 여성의 경우는 2,000kcal이며, 좀 더 정확하게 하루 권장 칼로리를 따로 계산하는 방법으로는 표준체중×활동지수인데

표준체중은 (나의 키 - 00) × 0.9

활동지수는 적게 움직이면 25, 규칙적으로 움직이면 30~35, 운동을 자주하면 40이라고 한다.

다른 방법으로 나의 권장 칼로리를 찾고자 하면 그냥 스포츠워치에서 나의 기초대사량 항목을 확인하면 된다. 그리고 내가 가진 에너지젤의 탄수화물함량을 확인해보았더니 23g이었는데 탄수화물은 1g에 4kcal를 내니 92kcal가 되겠다. 2700kcal 권장량 중에 이런 에너지젤을 몇 개 먹었다고 하여 2형 당뇨병의 위험도를 올리지는 않는다고 생각할 수 있다. 여러 코칭을 받을 때, 혹은 시중에 나와있는 제품들 구성을 보면 운동 전 중에는 탄수화물을 권장하지만, 운동 후에는 단백질 위주의 드링크 및 식사를 권장하는데, 운동 후 근손실 예방과 단백질 보충의 의미 뿐만 아니라 탄수화물의 균형을 이루는 이런 깊은 뜻이 있었나 싶기도 하다.

정리하자면, 운동 중 에너지젤을 사용하는 것이 당뇨를 직접적으로 유발하는 것은 아니다. 하지만 에너지젤은 당류 위주의 탄수화물 구성이기 때문에 과도한 섭취는 혈당 수치를 급격히 올릴 수 있으므로, 당뇨병 환자나 당에 민감한 사람들은 에너지 젤 섭취 시 혈당 변동에 대해 주의해야 한다.

따라서 에너지젤을 사용하려는 경우 적절한 양과 타이밍을 지켜서 사용하는 것이 중요하다.

당류의 섭취를 고려한 제품들도 출시가 되어있다. 혈당에 대한 적극적인 모니터링이 가능하다면, 가족력이나 내당능 장애가 있을 경우에 나에게 맞는 에너지젤을 찾아서 사용하는 것이 정답이다.

> 모니터링이 가능하다면,
> 혈당피크를 일으키지 않는
> 에너지젤을 찾아서 섭취해야 한다.

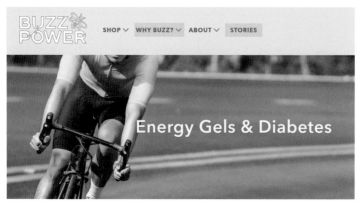

혈당조절에 포커스를 맞춘 제품판매도 이루어지고 있다.

출처 : https://buzz-power.co.uk/

에너지젤을 섭취하지 않고 장거리 엔듀런스를 수행할 수는 없다. 훈련이 아닌 운동의 영역이라면 가능하겠지만, zone 3 이상을 유지하며 목표를 이루기 위한 훈련이라면 빠른 흡수와 반응을 가진 에너지젤이 필수적이니까.

그러면 현실적인 대안은?

결국은 당뇨가 걱정이 된다면 출력은 떨어지지만 당 성분이 낮은 당뇨전용 에너지젤들을 섭취할 수 밖에 없다고 본다.

> 당뇨인자가 있다면 당뇨용 에너지젤을
> 섭취하는 것이 대안이 될 수 있다.

05-07

체중의 변화

운동을 하게 된 이후로 체중이 많이 줄었고 건강해진 느낌이 많이 들었다. 검진에서 허리둘레를 측정했더니, 70cm (27.5 인치). 체중은 61kg (BMI 21.1)를 유지했다. 이젠 옷이 안 맞아서 고민할 필요가 없다. 그리고 어느 멋진 휴양지에 갔을 때 자신 있게 바다에서 수영이 가능하다. 휴양지의 석양을 보며 조깅도 얼마든지... 이때까지 살아오면서 모임이라고 하면 늘 술 마시는 것을 떠올렸는데, 이제는 함께 만나서 운동하면서 놀 수도 있다는 것을 깨닫게 되었다. 새로운 사람과 만나서 수많은 이야기를 함께 할 수 있는 토크박스를 따로 마련한 기분이 든다.

운동이 3종이나 되다 보니 남들보다 이야기할 거리가 훨씬 많다. 커다란 대화의 주제가 있다는 것은 참으로 흥미로운 일이다.

2020년에 들어 코로나19로 모든 대회가 취소되어 사회적 격리 속에서 혼자 운동을 했지만 운동이라고는 숨쉬기밖에 해본 적이 없던 내가 sub-3가 뭔지, 하프는 몇 킬로인지 주워듣다가 어느새 야

(우) 언양의 반구대로 투어라이딩을 떠났던 때
아름다운 경치를 즐기면서 하는 라이딩은 항상 감동을 준다.

파도가 치는 송정해수욕장에서의 입수, 다들 수영 한가닥씩 하는 엑스퍼트급의 참석자들과 함께 했다. 과거를 돌이켜보면 '내가 이런 사람들과 어울려 비슷하게나마 함께 운동할 수 있으면 얼마나 좋을까?' 했던 바람이 현실이 된 것이다.

소 800이니 LSD니 빌드업 훈련이니 하면서 운동을 하고 있다니... 또한 바다수영을 시작한 이후 스노클을 없애고, 오리발을 없애고, 부이 buoy 를 없애고, 마침내 슈트도 입지 않고 바다에서 수영을 하게 되었을 때 그때의 감동이란 이루 말할 수가 없었다.

이때부터 나는 마지막으로 참가했던 하프 마라톤 대회를 주최한 펠트부산(현 BSTA, 부산사직트라이애슬론 아카데미)에서 본격적으로 훈련을 시작했다.

체중계와 친해져라

식이와 체중의 조절

이에 대한 너무나도 좋은 조언과 방법들에 대한 자료는 많다. 하지만 일상이 바쁘고 힘든 입장에서 식이조절을 위해 준비를 할 부지런함이 있는 사람이라면 이미 체중조절에는 반쯤 성공한 사람들일 것이다. 대다수는 식단을 준비하는데 어려움을 느끼고, 한 번의 일탈로 그간 굳은 결심으로 세심하게 조절하던 습관들이 무너져버리기 쉽다. 그래서 이 부분에 대해 꼼꼼하고 자세하게 조절할 능력이 되지 않는다면, 간단하면서도 정확한 방법이 있다.

체중계를 지표로 삼는 것이다.

집안에 체중계를 2개 정도 비치해두고, 항상 일정한 조건에서 하루에 한 번은 측정해야한다. 나의 경우에는 하루 중 수단과 방법을 가리지 않고 가장 체중이 적게 나가는 시점을 표준체중으로 삼았다. 보통은 저녁에 샤워를 마친 후 옷을 걸치지 않고 체중을 측정한다. 그리고 체중계마다 오류가 발생할 수 있으므로 2개 모두 측정을 하는데, 요즘 체중계는 스마트폰 앱과 연동이 되어 체중을 표시해주는 기능들이 있어서 무게가 나올때 기록하기도 편하고, 인스타그램 같은 곳에 최저 체중을 갱신할 때마다 올리게 되면 동기부여에도 큰 도움이 된다.

또한 항상 같은 조건으로 체중을 재는 것이 중요한데 어떤 사람은 아침에 화장실을 다녀와서 재기도 하고, 어떤 사람은 자기 전에 재기도 한다. 반면 나같은 경우에는 시간적인 부분을 제어하기 보다는 하루 중 가장 적게 체중이 나오는 것을 기준 체중으로 삼다보니, 아무래도 체중계에 자주 올라가게 되었다. 그리고 그 체중의 변화를 보면서 내가 어제 먹었던 것이 과했는지, 아니면 운동과 식이가 균형이 맞았는지, 식사량을 줄여야 할지, 운동량을 더 늘려야 할지에 대한 계획을 세울 수 있는 것이다.

일반적으로 탄수화물과 튀김류 등이 체중조절에는 안좋은 영향을 미치지만 세상 너무 각박하게 사는 느낌이 들고, 내가 엄청난 몸짱이 될 요량이 아니라면 먹고 싶은데 굳이 억지로 참는 것도 나름 스트레스가 된다. 그냥 먹어도 된다. 세상 사는 것이 몸짱이 되기 위한 것이 아니라 즐겁고 건강하게 살기 위한 것이라는 점에 포커스를 맞춘다면, 먹는 것 또한 아주 중요한 부분일테니 말이다. 다만 체중계에 올라 변화 추이를 모니터링하는 수고로움을 가져야 하겠지만.

나같은 경우에는 가장 좋아하는 음식이 치킨이었다. 그래서 배부를 때까지 잘 먹고 체중계의 변화 추이를 보면서 늘어나게 되면, 며칠동안 식사량을 조금 줄이고, 운동량을 늘려서 원상복귀를 시켰다. 그렇게 하면 된다. 원상복귀해야 할 범위가 크다면 살 빼는 것이 여간 힘든 일이 아니겠지만, 선을 넘지 않는 범위에서는 복귀가 그렇게 힘들지 않기 때문이다. 체중을 얼마나 뺄지, 어느 정도 기간을 두고 뺄지, 타겟을 정하는 것도 힘들다면 굳이 정하지 않아도 된다. 나는 그 정도를 세우고 실천할 수 있는 사람이라면 정말 대단한 실천가라고 본다.

지속적인 체중체크를 하면서 더이상 체중이 늘지 않도록만 하고, 내가 즐길 수 있는 유산소 운동을 선택하여 꾸준히 하면 된다. 시간이 지나 잔근육들이 발달하고, 운동으로 다져진 폐활량과 체력으로 기초대사량이 오르면서 어느 순간부터 조금씩 체중이 빠지게 될 것이다. 보통 그 시점이 오게 되면 많이 먹기 시작해도 체중이 유지가 되는 것이 아닌 점점 빠지게 되는 신기한 경험을 하게 된다.

좋은 영양식단과 운동프로그램들은 많다. 그것을 충실히 이행할 수만 있으면 어떤 프로그램이든 더할 나위없이 좋은 것임을 분명히 알고 있다. 하지만 실천 의지가 약한 사람들이라면 너무 고급스러운 방법은 실패를 맛볼 가능성이 높고, 유지할 동력이 떨어지는 경우에는 금세 요요현상을 맛보며 오히려 절망감을 느낄 수도 있다. 그래서 나에게 지속가능한 즐길 운동이 있는 것이 매우 중요하다.

나에게는 자전거가 그런 존재였다.

05·09

트레일런을 경험하다

2020년의 코로나19 암흑기를 지나서 2021년이 되자 백신 접종이 시작되었고, 집합 모임 제한이 어느 정도 완화되어 조금씩 대회가 개최되기 시작했다. 2021년 5월, 워낙 참가할 만한 대회가 없던 상황이어서 아카데미에서는 지리산 화대종주에 참가하기로 했다.

화대종주는 지리산의 화엄사에서 대원사를 종주하는 48km 코스인데, 대회참가분야중 성중종주 (성삼재에서 중산리) 34km 코스에 참가했다. 지리산 자체를 처음 가보았고, 트레일런 대회에도 처음이었다. 사람들과 중간에 밥도 해먹고 여러가지 즐거운 경험을 하였다.

예전 동마 준비할 때도 뒷산을 내달리면서 훈련을 했지만, 트레일 러닝은 많이 위험했다. 등산이 아닌 빠른 속도로 달리듯 가야 하니 자칫하면 돌뿌리를 밟아서 발목을 접지르기 딱이었다. 일반 도로를 달릴 때는 지쳤더라도 힘이 빠진 채로 관성으로 대충 달려지는데 산에서는 그랬다가는 바로 어디에 걸려 넘어질 판이었다. 그래서 주변 경치는 제대로 보지도 못

2021년 5월, 지리산 화대종주

하고 발디딜 곳만 쳐다보고 달렸다. 내리막에서는 무릎에 하중이 많이 실려서 전체적으로 운동보다는 부상에 대한 우려를 더 많이 해야할 것 같았다. 부상이라도 입게 되면 진료를 쉴 수도 없는 입장이라 나에게는 맞지 않겠다고 생각을 하였다.

2021년 11월, 트랜스 제주 50k. 출발선에서

2021년 11월, 2021 트랜스 제주 50k 트레일러닝 대회

트레일러닝이 나에게는 맞지 않다고 생각을 했지만, 이번에는 가족여행 삼아 참가하였다. 그래도 여기에 오려고 미리 트레일러닝 폴(스틱)을 구입해서 시험을 통해서 사용감각을 익혔다. 자주 부상을 입었던 왼쪽 발목에는 보호대를 하고 나섰다. 50km의 거리는 생전 처음 뛰어보는 거리이니 긴장이 되었다. 아카데미의 코치님이 페이스메이커하라고 한 분을 소개시켜 주었다. 보는 순간... 범상치 않은 기운이 느껴졌다. 처음 보는데도 말이다.

일단 가볍다. 50k인데도 마치 뒷산 등산 가는 것 같은 차림이었다. 다른 사람들의 그 흔한 테이핑도, 카프슬리브도, 주렁주렁단 물통도, 햇빛을 완벽히 차단할 고글도 없었다. 신발마저 정말 가벼운 운동화처럼 보이는 브룩스제품이었다.

'이 분 고수다'

전혀 정체를 모르는 분이지만 한 눈에 직감했다. 출발 신호와 함께 사람들이 출발하였고 일단 폴을 언제 사용할지 어떻게 사용할지도 제대로 학습이 안된 상황이니 그 분 뒤에서 최대한 따라했다. 폴을 펼칠 때 나도 함께 펼치고, 폴을 찍을 때 같이 찍고 발디디는 곳만 쳐다보며 최대한 따라갔다.

'놓치면 죽는다'
이런 각오로 열심히 뛰었다.

그런데 이 분은 너무 여유로웠다. 앞에서 지나가는 아는 사람들과 여유롭게 인사도 하고, 카메라 자봉(자원봉사)하는 분에게도

생전 처음 방문한 한라산을, 그것도 뛰어서 올라간 특별한 경험이었다.

CP check point 에서 챙겨갔던 과자를 나눠주며 "수고하십니다. 이거 드세요" 하면서 자봉에게 자봉을 한다. 사람이 많이 붙은 것 같으면 먼저 지나가라고 비켜주기도 하고, CP에서는 무조건 꼭 챙겨먹으라고 나를 챙겨주고, 출발 전에는 귤을 까서 몇 개 들고 가면서 먹는 것도 가르쳐 준다.

거기다가 중간중간 경치 좋은 곳은 사진도 다 찍었다. 이런 활동을 하는 가운데도 물론 속도가 절대로 늦은 것도 아니었다.

'아... 이게 고수구나...'

고수의 여유로움이 한껏 느껴졌다. 세상은 넓고 고수는 많았다. 우여곡절 끝에 무사히 완주점을 통과하였고 레이스 기록은 7시간 32분 17초. 뿌듯했다. 50km를 무사완주했다니... 그리고 그 고수분은 나중에 알게 되었는데 철인3종 프로선수인 황지호 프로였다.

역시나!

트레일러닝 폴의 세계

"스틱과 한 몸이 되는 연습을 하도록 해"
"네 사도록 할께요."

화대종주에서 막판 내리막 칼바위 가는 길에 허벅지 경련으로 허우적대고 있을때 폴이 있으면 정말 좋겠다고 생각은 했다. 이것만 있으면 내리막도 가볍게 내려갈 수 있을 것이라는... 환상이 커져가는 가운데 클럽의 친한 누님의 소개로 트레일러닝 폴 trail running poles 을 구입했다. 처음에 가격을 듣고 귀를 의심했다. 그런데 더욱 놀란 건 한 짝에 그 가격이었다는 것이다. 당시에 집에 있는 스틱은 2개 세트에 7천 원이었는데... 하지만 트레일러닝 폴을 처음 사용하고는

내게는 상상도 못할 가격이었다.

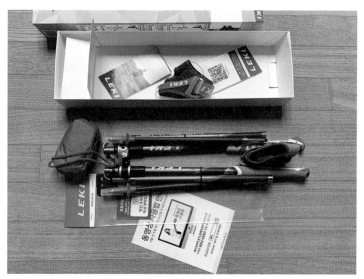
들고 다니기 쉽게 접어지고 카본으로 만들어져 가볍다.

신세계를 맛보았다. 비유를 들자면 처음으로 빨래건조기를 사용해 보고 느낀 충격과 버금가는 것이었다.

어떻게 구매를 해야할지 공부를 해보았다. 폴의 길이는 내 키×0.68에서 반올림해서 맞는 사이즈로 구매를 하고, 시작은 팔꿈치 높이의 폴로... 익숙해지면 팔꿈치 높이보다 긴 폴을 사용할 수도 있다고 한다. 보통 중상급자들이 사용하는 브랜드는 LEKI, Black Diamond, Helinox라 한다. 국내에서 상급 스틱을 양분하고 있는 곳은 레키와 블랙다이아몬드이다. 레키는 스틱 전문 제조사이고 블랙다이아몬드는 아웃도어 전문브랜드라고 한다. 전문사이트로 들어가보니 일반폴, 트레일러닝폴의 항목이 따로 있었다. 새로운 세계였다.

트레일러닝폴과 일반 등산폴의 차이점은 등산폴은 주로 수직으로 찍어내리고, 어떤 제품은 쇼버역할(충격감쇄역할)을 하는 장치도 설치가 되어서 손목에 가해지는 충격을 덜어낸다고 한다. 하지만 트레일러닝폴은 달리기 위한 보조도구이기 때문에 가벼운 데에 초점이 맞춰져 있다. 사실 등산 시에는 무거운 배낭까지 메고 있어 엄청난 무게를 스틱에 싣게 되니 튼튼함에 더 점수를 주어야 하겠고, 트레일러닝 시에는 가벼운 옷차림에 생존 배낭 정도의 짐만 들기 때문에 알루미늄보다는 카본이 더 적합하다는 생각이 든다.

또한 쇼버역할을 하는 장치가 들어가 있으면 올마운틴 자전거에서처럼 바빙 bobbing, 위아래로 출렁거림 역할을 해서 내가 달려나가고자 하는 힘을 많이 뺏기 때문에 (로드 자전거가 올카본에 샥을 달지 않듯이) 좋지 않을 것 같았다.

기본적인 사용법은 폴과 내딛는 발이 같지 않게 하고 (오른발이 나갈 때, 왼팔의 폴을 찍음) 폴은 앞발과 뒷발의 사이로 찍으며, 수직이 아닌 경사를 주어 내가 찍는 힘이 전진에 쓰이도록 해야 한다. 전문가들은 폴이 러닝화만큼이나 중요하다고 강조하면서 경사도의 상황에 따라 다르게 적용해야만 하는데

어렵다. 새롭게 배우는 입장에서는 쉬운 것이 하나도 없다.

달리기 위한 스틱이라... 참으로 흥미진진했지만, 발목부상의 위험이 너무 커서 나는 트레일 러닝을 기피하게 되었다.

1) 완만한 경사에서는 위 방향이 아닌 뒤 방향으로 찍으며 밀어내고

2) 가파른 경사에서는 양쪽으로 동시에 찍는 것이 아니라 한번에 한 쪽 폴씩 힘을 주어 바닥을 찍는다.

3) 매우 가파른 경사에서는 양 폴을 동시에 찍어 하중을 주어야만 한 다. 이때 폴은 거의 수직으로

4) 폴을 찍을때까지는 그립을 쥐지만 폴을 찍은 후에는 그립을 놓고 손을 열어야 한다.

다시 등산폴의 사용에 대한 강좌를 보니 확 와닿았다. 러닝용 폴 과 사용방법이 많이 다른 것이었다.

05-11

트레일런 UTMB의 세계

    몇 번의 부상이 트레일런 도중 힘이 모두 빠진 상태에서 발생을 했다. 그래서 트레일런 대회는 되도록 참여하지 않을 예정이다. 함께 운동하는 분이 몽블랑을 다녀왔는데, 그 흥미진진한 이야기를 듣다보면 시간 가는 줄을 모를 정도로 재미있었다. UTMB라고 말은 몇 번 들었는데 궁금해서 transjeju by utmb(@instagram)를 통해 알아보았다.

UTMB Ultra Trail du Mont Blanc

    알피니즘의 성지이자 제1회 동계 올림픽이 열렸던 프랑스 샤모니에서 매년 8월말에 개최되며, 전세계 1만 명 이상의 트레일러너가 참가하는 세계 최대, 최고의 트레일러닝 대회이다.

    프랑스, 스위스, 이탈리아 3개국 19개의 도시를 지나고, 7개의 계곡과 71개의 빙하와 400개의 산 정상으로 이뤄진 코스이다.

출처 : https://montblanc.utmb.world

7개의 카테고리

① UTMB(171km) 제한시간 47시간, 고도변화 10,000m

② CCC Courmayeur-Champex-Chamonix (101km) 제한시간 26시간30
분, 고도변화 6,100m

③ TDS Sur les Traces des Ducs de Savoie (145km) 제한시간 33시간,
고도변화 7,250m

④ PTL La Petite Trotte à Léon (300km) 제한시간 152시간, 고도변
화 26,500m

⑤ OCC Orsières-Champex-Chamonix (56km) 제한시간 14시간, 고도
변화 3,300m

⑥ MCC De Martigny-Combe à Chamonix (40km) 고도변화 2,300m

⑦ YCC Youth Chamonix Courmayeur (15km) 고도변화 1,000m

1. 참가자격조건

2020년 대회부터 국제트레일러닝협회 ITRA International TRailrunning
Association 에서 인증점수(index지수)가 2개 대회에서 10점 이상되
어야 신청 가능하며 대략 100km이상 대회를 2년 안에 2회 이상 완
주한 사람만 참가신청을 할 수 있는 조건이다.

① UTMB 참가를 위해서는 UTMB 사이트에 우선 가입.

② UTMB에서 인정하는 index 제공대회에서 index 지수를 획득
해야 함.

③ 국내 대회에는 울주 트레일, 트랜스제주, 제주트레일런, 서울
100마일대회가 있다.

2. 러닝스톤이란

UTMB 파이널 시리즈 (UTMB, CCC, OCC)에 참가하기 위해 필요한 자격이다. 지난 2년 안에 획득한 1개 이상의 러닝스톤이 있어야만 UTMB 참가권 추첨에 참여할 수 있는 자격이 주어진다.

3. 어떻게 러닝스톤을 획득할 수 있는지

UTMB World Series, UTMB World Series major 대회의 20k, 50k, 100k, 100M(100 mile) 레이스를 완주하면 받을 수 있다.

① 20K : 1 러닝스톤 (Major는 2개 준다)

② 50K : 2 러닝스톤 (Major는 4개 준다)

③ 100K : 3 러닝스톤 (Major는 6개 준다)

④ 100M : 4 러닝스톤 (Major는 8개 준다)

4. Valid UTMB Index란?

UTMB World Series 대회는 각 코스별로 카테고리(20K, 50K, 100K, 100M)가 있다. 카테고리 레이스를 완주할 경우 카테고리에 상응하는 UTMB코스(OCC, CCC, UTMB)를 지원할 수 있다.

① OCC : 20K, 50K, 100K, 100M

② CCC : 50K, 100K, 100M

③ UTMB : 100K, 100M

5. 러닝스톤의 유효기간은?

획득한 러닝스톤이 유지되려면 2년 안에 1개의 러닝스톤을 획득해야 한다(유효기간은 마지막 러닝스톤을 획득한 시기로부터 2년).

예) 2023년 1월1일 러닝스톤 3개를 획득 시 2025년 1월 1일 이전에 적어도 러닝스톤 1개를 획득해야 이전 3개가 유지된다.

6. 러닝스톤이 많으면 좋은지?

러닝스톤이 많으면 당첨 확률이 올라간다. 러닝스톤의 숫자만큼 내 이름이 추첨명단에 들어가기 때문이다. → 보유한 러닝스톤 각각에 내 이름을 새기고 추첨명단으로 올린다고 생각하면 됨.

7. 트랜스제주에서의 UTMB

① 2023 트랜스 제주 20K를 완주한 경우 러닝스톤 1개 → 2024 OCC 참가자격 획득

② 2023 트랜스 제주 50K를 완주한 경우 러닝스톤 2개 → 2024 OCC, CCC 참가자격 획득

③ 2023 트랜스 제주 100K를 완주한 경우 러닝스톤 3개 → 2024 OCC, CCC, UTMB 참가자격 획득

06 chapter

"

종목을 불문하고 대회에서 프로가 아닌 다음에야 경쟁상대는 남이
아닌 나 자신이다. 우리는 아마추어이기 때문이다. 그래서 무사히
피니시를 하는 것만큼 벅찬 순간은 없는 것 같다. 피니시에서만큼은
우리 모두 훌륭한 승리자이니까.

나는 모든 대회에 나설 때, 마음 속으로 한가지 약속을 한다.
"내 사전에 DNF Do Not Finish 는 없다." 순위권을 다투어야 하는 프로

마침내 완주를 해내다

선수가 아니기에 나는 완주에 큰 의미를 둔다. 뛰다가 너무 힘들어 걸을 때, 주위를 둘러보면 나와 같이 걸어가는 동료들도 있다.

대회가 끝나고 나면 그 동료들과 무언가 끈끈한 연대감이 생기고 나눌 이야기가 많아진다. 우리는 완주메달을 함께 받은 동료이니 말이다.

2023년 7월, 해운대

IRONMAN
70.3 GOSEONG
GYEONGNAM, KOREA

Hongtae LEE

05:09:10

Swim	Cycle	Run
00:39:26	02:41:12	01:43:51

582

photo by
oo_best1

2022년 6월, 고성70.3대회

코로나를 지나 하와이 70.3 참가까지

2021년 10월에 처음으로 참가한 하프코스 철인3종대회인 챌린지 군산-새만금 국제철인3종경기 슈퍼파이널에서 4시간 50분 15초의 기록으로 age 2위를 달성했다. 그 여세를 몰아 12월에는 코리아마스터즈 베스트 오브 베스트라는 풀코스 마라톤 대회에 참석해 3시간 12초를 기록하여 2위를 차지하였다. 철인3종경기와 마라톤으로 시상대에까지 오르다니 일취월장도 이만저만이 아니었다. 이렇게 2021년이 지나고 2022년이 본격적으로 시작되었다.

챌린지 군산-새만금 국제철인3종경기대회 피니시

상장과 메달

2021년말 클럽에서 받은 상패
입문 첫 해에 신인상을 받고,
2년 만에 최우수상까지 받았다.

코리아마스터즈 베스트 오브 베스트 마라톤에서 2위. 작은 로컬대회이지만 마라톤으로 순위권에 드니 매우 감격스러웠다.

2022년 6월, 첫 해외 대회인 하와이 70.3

하와이, 특히 빅아일랜드의 코나는 철인3종 운동을 하는 사람들에게 각별한 의미를 지닌 곳이다. 최고의 선수들만 참가할 수 있는 아이언맨 월드 챔피언쉽 대회가 열리는 장소이기 때문이다.

이 대회의 참가 자격은 매해 세계 21개국 39개 도시에서 치뤄지는 지역대회에서 상위권에 입상한 소수에게만 주어진다. 따라서 탑 클래스가 아닌 나같은 동호인이 참가하는 것은 불가능하다고 생각했다. 하지만 어느날 문득 '꼭 챔피언쉽으로만 가야 하나?' 라는 물음이 들었다. 평범한 철인3종 대회도 있지 않을까? 그렇게 의문을 품고 찾아보던 중 '하와이 70.3 대회' 라는 것을 알게 되었다. 이 대회는 일반대회여서 참가신청만 하면 출전 가능하였다. 게다가 그 당시(21년 6월)가 참가접수 기간이어서 앞 뒤 잴 것 없이 부랴부랴 등록을 해야만 했다.

2022년에 들어서 본격적으로 대회를 준비해야 할 시점이었지만 예기치 못한 상황들이 발생하며 훈련을 등한시하고 생업에 열중할 수 밖에 없었다. 자전거와 달리기는 크게 장소에 구애받지 않지만, 수영장과 바다를 꼭 가야만 하는 수영이 문제였다. 어영부영 시간만 보내다보니 어느새 대회가 열리는 6월이 코 앞으로 다가왔다. 그제서야 마음이 급해져서 시간을 쪼개어 수영장도 다니고 철인 아카데미 스케쥴도 열심히 소화했다. 평소 바다에서는 항상 웻슈트를 입고 훈련을 하였다. 하지만 하와이 대회에서는 수온이 높은 이유로 웻슈트를 금지하였다. 부력의 도움이 절실한 나같은 수린이에게는 매우 난감한 일이었다. 사실상 웻슈트 덕에 바다에 떠서 가는 실력이니 말이다.

훈련 걱정과 더불어 대회날짜가 다가오자 자전거를 포함한 이 많은 장비를 가지고 나혼자 하와이를 어떻게 가지? 하는 걱정이 엄습해왔다. 도저히 엄두가 나지 않아 여기저기 수소문하여 서울에서 출발하는 팀이 있다는 것을 알아냈다. 내 코가 석자라 무턱대고 연락을 취하였고 같이 출발하기로 하였다. 이 팀은 오클래스라는 서울 소재의 철인3종 아카데미에서 결성되었으며, 이 아카데미는 유명 연예인 뿐 아니라 많은 선수들이 거쳐간 곳이었다. 팀의 리너인 오영환 코치님은 오클래스의 운영자이며 국내 최초로 풀코스를 9시간 이내로 주파한 분이다. 또한 하와이 코나에서 열리는 여러 대회에 자주 참가하여 일정 운영에 매우 능숙하였다.

게다가 함께한 팀원들이 아주 이색적이었는데 한 분은 분당 서울대 치과에 근무하는 최교수님이였고, 한 분은 치과 개업의인 윤선생님이었다. 이 분들은 치철회라는 치과의사 철인3종 모임에 속해 있다고 하였고 이는 나에게는 적잖은 충격이었다. 나도 이런 동종 업계 사람들과 어울려 보고 싶었는데 도무지 찾을 길이 없었기 때문이다.

코나 공항에서 하와이안 레이(Lei)를 걸어 환영해주시는 김교문 목사님

인천공항에서 출발, 하와이 호놀룰루를 경유하여 빅아일랜드의 코나공항에 도착했다. 코나에는 철인3종 운동을 하는 사람이라면 모두가 아는 김교문 목사님이 있다. 목사님은 철인3종경기에 대한 애정이 각별하여 매년 한국에서 오는 팀들을 아무 대가 없이 서포트해주고 계셨다.

kailua bay에 있는 championship 출발지를 나타내는 표지판 앞에서

하프코스인 70.3임에도 불구하고 풀코스 챔피언쉽 기자재를 재활용해준 덕분에 즐거움이 배가 되었다.

70.3은 하프코스이니 챔피언쉽코스와는 다르지만 코스의 많은 부분을 공유하고 있었다. 특히 자전거 코스는 너무나도 멋져서 답사차 달리는 내내 감탄사만 내뱉었다. 혼자 부산에서 올라와 만난 인연들과 훈련을 함께 하며 전의를 불태웠고, 대회 당일 날에는 정말 최선을 다했다.

너무나도 아름다운 자전거 코스

역시 예상대로 수영성적이 나의 발목을 잡았지만, 몸 성히 바다에서 살아나올 수 있었기에 유쾌한 마음을 금할 수 없었다. 내가 태어나서 북태평양 망망대해에서 맨몸으로 수영을 할 줄이야 그리고 철인 챔피언쉽, 그 유명한 코나 자전거 코스까지... 수많은 관람객이 참가자들을 응원해주는 모습도 나에게는 색달랐다. 길거리에 돗자리를 펴고 맥주를 마시며 사람들이 지나갈 때마다 응원의 말을 외친다. 7살쯤 되어보이는 꼬맹이가 선수들과 하이파이브를 하려고 도로 옆에서 수줍게 손을 내밀고 있었다. 내가 다가가 하이파이브를 해줬고, 아이는 뛸 듯이 기뻐했다. 대회가 끝난 후에는 언제 경쟁을 했냐는 듯이 모두가 하나같이 축제 분위기였다. 마치 어릴 적 운동회와 같은 분위기로 삼삼오오 둘러앉아 마시고 먹고 떠들어댔다.

프로생활도 하셨던 오영환 코치님은 한 해에도 수 차례 해외 대회에 참가하시는데 여러 경험담을 듣다보니 앞으로 내가 무엇을 해야할지 자연스럽게 깨닫게 되었다. 단순 관광 목적의 해외여행이 아닌 아름다운 자연을 몸소 체험할 수 있는 대회 참가를 겸한 여행이었다. 아이언맨대회는 대부분 관광지 혹은 경치가 아름다운 곳에서 열리고 전세계 곳곳에서 개최된다. 동남아에서도 개최가 되고 유럽, 미국, 심지어 아프리카대륙에서도 열린다. 해외여행때 학회를 겸해 가듯이 이렇게 갈 수 있다면 얼마나 멋진 여행이 될까 싶었다. 예전 필리핀 수빅 70.3 대회에 참가하지 못한 아쉬움을 하와이 70.3에서 모두 풀었다.

수년 전에는 물에 떠있지도 못하던 사람이 북태평양 바다에서 슈트도 없이 맨몸으로 수영했다는 사실만
으로도 감격스럽다.

첫 번째 1.9km의 수영

두 번째 90km의 사이클

세 번째 21.1km의 달리기

피니시

대회 후 행사장 단상 위에 한국에서 온 참가자들이 모였다.

대회 후 축제 분위기의
참가자와 관객들

오영환코치님이 age 1위를
하여 시상식장으로 향하는 길

건타임과 넷타임

　코로나로 인해 취소되었던 대회들이 부활하여 2022년 아이언맨 하와이 70.3 대회와 고성 70.3 대회를 포함하여 정상적으로 여러 철인3종대회에 참가를 했다. 후반기로 넘어오며 내가 속한 아카데미에서도 2023년 3월 서울 동아마라톤과 6월 챌린지 군산에서의 철인3종 풀코스를 목표로 삼아서 준비하기 시작했다.

　2022년 11월 삼락체육공원에서 열린 제19회 부산마라톤에 참가했다. 첫 대회로 참석한 기억이 있는 곳이었다. 이번에는 예정에 없다가 직장단체접수로 10km 코스에 참가했다. 여러 대회에 참가하다보니 대회의 운영수준이라는 게 이제 조금씩 보였다.

　출발시간이 되었는데 방송이 제대로 들리지 않는다. 행사 천막에 있다가 출발지로 가보니 사람들이 많이 모여 있었으며 이미 하프는 출발한 상태였고 10km도 이미 출발을 했다. 사람이 밀리는데 차라리 맨 뒤에서 출발해야겠다 하고 기다리는데 행렬이 끝날 기미가 없었다. 더 밀릴 것 같아서 그냥 출발하니 아니나 다를까 앞을 가로막는 사람들이 너무 많았다. 밀리다가 제치고 나가는데 애를 많이 먹었다. 원래 계획은 직장야유회같은 느낌으로 참석했는데 거리가 짧으니 해보자 싶어 심박을 올려 열심히 뛰었다. 그리고 도착해 보니 포디움에서 시상식을 하는데 듣다보니 아니? 3위가 나보다 늦네?

건타임과 넷타임의 마법을 이제서야 깨달았다. 너무 아쉬웠다.

마라톤 대회는 넷타임이 아니라 건타임으로 시상을 한다고 한다. 철인경기에 나가면서 에이지별(age, 보통 5살 구간) 넷타임에 너무 익숙해졌던 것 같다. 넷타임은 개인 기록용으로만 주어지고 시상은 무조건 건타임이라고 한다.

이럴 줄 알았으면 선두에서 출발할 걸 하는 후회를 했다.

- 건타임 Gun Time, Gross Time : 출발 총소리가 나면서부터 결승점에 들어올 때까지의 시간을 측정
- 넷타임 Net Time, Chip Time : 출발점의 매트를 지날때부터 시작하여 결승점에 들어올 때까지의 시간을 측정

처음으로 하프거리를 뛰겠다고 가민 누르고 열심히 뛴 다음 20km를 달리고 정말 기뻐했을때 나중에 하프 거리가 21.1km인 것을 깨닫고 너무 허탈했던 경험과 버금가는 충격이었다.

넷타임 기준 나는 3위를 했다. 초반에 밀려서 시간을 허비한 것을 고려하면 2위도 가능했을 기록 같았다.

하프코스 1위, 2위를 한 동생들과 함께 기념촬영. 둘 다 현역 체육선생님들이다. 항상 감사한 마음이다.
처음 운동을 시작했을 때 이런 대단한 사람들과 함께 나란히 서서 사진 찍을 생각이나 했을까?

서울 동아마라톤을 준비하다

2022년 겨울에 접어들면서 목표는 한가지였다.

동아마라톤에서의 sub-3

3월에 대회가 있으니 또 하나의 목표인 6월의 챌린지 군산 철인 3종대회는 어떻게든 될 것이라 생각을 했다. 그래서 겨울 훈련 시즌에 돌입하면서 달리기에 거의 집중을 하기 시작했다.

2022년 12월, 16회 양산 전국하프마라톤 대회

이 대회 기록은 1시간 23분 17초

개인적으로 감회가 새로웠는데 2020년 초 동아마라톤 참가를 목표로 한창 몸상태가 괜찮았던 때에 당시 펠트부산에서 참가했던 대회 기록과 같았다. 그리고 지금은 제대로 겨울훈련을 들어가기 전 상태이고, 그렇게 준비된 상태가 아님에도 불구하고 지난 번과 비교해 페이스가 밀리지 않았기 때문이다.

여기서 이제 또다른 고민이 생겼다. 이번 목표는 원래 4분 페이스를 유지하는 것이었다. 이번에 하프코스까지 3분 54초 페이스를 유지할 수 있었으니 풀코스에 들어가서 4분~4분10초 페이스에 맞춘다면 한결 편안하게 sub-3를 할 수 있을 것 같았다.

그런데 겨울훈련을 하며 249(2시간 49분)를 목표로 한다면? 많은 노력 끝에 도전을 해볼 수는 있겠지만 페이스를 그만큼 끌어올려야 하므로 32~35km 지점에서 퍼져버리면, sub-3는 커녕 모든 게 도루묵이 되어버리는 상황을 야기할 수 있었다. sub-3 기록이 하나도 없는 게 문제였다.

　　안전하게 공식대회 sub-3기록을 하나 가지는 것이 유리할 것인가? 좀 더 기록 욕심을 내보는 것이 유리할 것인가?

　　모든 것은 목표로 하는 대회가 풀코스 마라톤이어서 그랬다. 풀코스 마라톤은 인생과 같이 장거리라서 30km가 넘어설 때 과연 무슨 일이 일어날지 아무도 모르기 때문이다.

2022년 12월, 16회 양산 하프마라톤

부상

서울마라톤 26일 전

지난 11월부터 3월에 있을 서울마라톤을 본격적으로 준비하기로 마음을 먹고 자전거와 수영을 거의 등한시하고서 달리기에만 집중을 했었다. 시간적인 여건의 한계도 분명 컸었고, 거기에 달리기, 수영, 자전거를 함께 하면 부상의 위험에 더욱 노출될 것 같았기 때문이다.

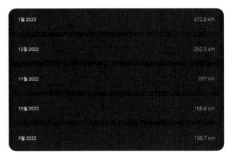

11월부터 본격적으로 준비를 시작해서 마일리지를 확 늘렸고, 지난 1월에 470km로 마일리지의 정점을 찍었다. 주에 1일은 LSD, 1일은 트랙훈련, 1일은 휴식, 나머지는 퇴근주로 10km를 맞추어서 뛰었다. 2월에 들어 본격적으로 스피드 훈련에 돌입하였다. 이전보다 확실히 향상된 스피드를 보여주었는데 역시 스피드 훈련이 부상의 위험을 많이 높였던 것 같다.

10여 일 전 트랙에서 자율훈련을 하는 도중에 왼쪽 발목쪽이 테잎을 감아놓은 것처럼 마찰 통증이 오기 시작했다. 그래서 훈련을 중단했고 이후 제대로 된 훈련을 하지 못했다. 마음이 다급해져왔다. 예정은 주에 1회 휴식, 1회 LSD, 2회의 스피드 훈련으로 넘어갔어야 했는데 LSD 기준으로는 2회나 빠져버렸다. 나의 목표는? 초심으로 돌아갈 수 밖에. 목표는 sub-3.

아킬레스 건염

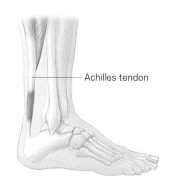

Achilles tendon

아킬레스 건염은 종아리근육과 발뒤꿈치뼈를 연결하는 아킬레스힘줄의 남용으로 인해 발생한다. 달리기의 강도나 지속 시간을 갑자기 늘린 주자에게 발생하게 되는데, 아킬레스건에 반복적이거나 강한 긴장을 유발하는 스포츠 활동 후에 다리 뒤쪽이나 발 뒤꿈치 위의 경미한 통증으로 시작이 된다. 주로 뛰거나 점프, 밀어올리는 동작이 주로 관여되며 압통, 뻣뻣함, 통증이 지속되면 아킬레스건 파열 여부도 확인해 보아야 한다.

출처 : www.mayoclinic.org

2023년 2월. 아킬레스 건염으로 10여 일 넘게 제대로 된 훈련을 하지 못한 채로 맞이한 주말에 밀양 아리랑 마라톤 대회에 참가하게 되었다. 서울 동아마라톤 전 마지막 점검의 의미를 지닌 대회였다. 그동안 제대로 장거리주를 뛰지 못하였고, 속도도 제대로 내보지 못한 상태였다. 하프대회라서 끝까지 참석을 망설였다. 지금 이 상황에서 하프대회를 참가해야 할까. 아니면 3시간주를 하는 것이 동아마라톤 준비에 더 효율적일까?

그리고 밀양 대회에 참석해서 페이스를 어떻게 할까도 고민을 했다. 천천히 완주를 할까 고민해 보았지만, 지금은 완주에 의미를 두어보았자 동마에서는 전혀 도움이 되지 않을 것 같았다. 최선을 다해서 달려보고, 아킬레스건염이 다시 찾아오면 동마는 포기하는 것이 맞는 선택 같았다.

지난 양산 대회보다도 대회코스가 힘들다는 이야기를 들었다. 첫 출발 후에 내리막으로 시작하면서 페이스는 3분 40초대에서 50초대로 맞추어 뛰려고 노력했고 중간중간 페이스에 맞는 사람들을 쫓아가며 최대한 페이스 조절을 했다. 다행히 발목통증이 다시 올라오지는 않았다. 코티솔이 분비가 많이 되는지, 반환점을 넘어서니 달리기가 다소 쉬워졌다. 특히 마지막 4km를 남겨두고서는 나를 앞질러가려는 주자를 붙잡아서 페이스메이커 삼아 잘 따라갈 수 있었다. 결국 무사히 완주에 성공했다. 시계를 보며 119(1시간 19분)에 들어갈 수 있을까 고민을 해보았는데, 막판에 땡겨도 120(1시간 20분) 초반이 나오는 성적이라서 크게 의미가 없을 것 같아 (고생만 죽도록 할 것 같아서...) 앞지르지 않고 뒤따르며 끝까지 달렸다.

하프마라톤 기록은 1시간 20분 30초, 페이스차트도 괜찮은 편이었다. 전체 페이스도 그렇지만 페이스차트에서 후반에 크게 밀리지 않아서 다행이라고 생각이 되었다. 이번이 하프마라톤 대회 PB personal best 였다. 발목이 아프지 않아서 다행이었다. 도전은 아직 현재 진행형이었다. 운동이 공부보다 훨씬 어려운 것 같았다. 공부는 열심히 해서 내가 머릿속에 담아놓은 것이 어디로 달아나지 않지만, 운동은 아무리 열심히 해도 대회 전에 부상이라도 맞으면 그동안 해놓은 것이 도루묵이 되니 말이다. 많은 운동선수들의 '부상으로 인한 은퇴'라는 단어들이 어떤 무게감인지 어줍잖은 나에게도 간접체험이 되었다. 아직 희망이 있었다. 어떤 결과이든지 무사히 완주하고 후회없는 질주가 되었으면 했다.

장년부 13위를 하여 생전 처음으로
시상품(사과 한 박스)을 받았다.

2023년 2월, 19회
밀양아리랑 마라톤대회 참가

06-05

249를 달성하다

2019년 10월, 경주동아마라톤, 3시간 37분 03초
2020년 1월, 여수마라톤, 3시간 11분 40초
2021년 12월, 코리아 마스터즈 베스트 오브 베스트, 3시간 12초
이렇게 3번의 풀코스를 뛰었고, 4번째 풀코스 도전이다.

정식 명칭은 서울마라톤 2023, 그리고 동아일보에서 주최를 해서 제93회 동아마라톤이기도 하다. 플래티넘 인증을 받아서 세계 7대 마라톤 대회라고 홍보를 하는 그 대회이다.

2019년 겨울부터 꿈꾸었던 무대였다.

2023년 3월 19일 대회날짜는 코 앞으로 다가 왔는데 장거리주 훈련이 문제가 되었다. 2월 초의 마지막 3시간주 이후 제대로 된 장거리 훈련을 아예 하지 못했고, 3월에 들어서면서 바로 다시 테이퍼링에 들어가야 했다. 돌이켜보면 2월 말에 밀양대회 때가 차라리 좀 더 준비가 되었을 시기인데, 스케줄이 엉망으로 꼬여버린 상태였다. 게다가 3월 1일 마지막 장거리 훈련 프로그램에서 종아리에 통증이 다소 올라와서 중도에 멈춰버렸다.

이래서는 완주도 힘들겠다 싶어 3월 3일에 욕심을 내서 부상 이후 처음으로 장거리주를 했는데, 어느새 초기화가 된 건지 한 달만에 했더니 페이스 조절이 전혀 되지 않아 훈련으로서의 성과는 전

대회 전날의 카보로딩도 대회준비의 중요한 부분이다.

혀 얻지 못했다.

아쉽지만 코치님 스케쥴대로 테이퍼링에 들어가야만 했다. 대회 2주 전 주말 16km 페이스 주 때도, 1주전 주말 13km 페이스 주 때도 페이스를 유지하는 데 애를 먹었다. 중반까지는 겨우 버티다가 후반부터는 여지없이 밀려버렸다. 그렇게 준비가 덜 된 느낌으로 동마에 나가게 되었다. 배운 대로 웜업 후 버릴 옷도 들고가고, 이번에는 처음으로 스케쥴에 맞춰 카보로딩도 했다. 준비해서 갈 건 다 해서 갔다. 하루 일찍 서울에 도착하여 인사동에 숙소를 잡고 팀원들과 중국집에서 탄수화물 위주의 식사를 했다.

3월 19일 대망의 결전날

아카데미의 동생과 함께 B그룹에 섰다. 이윽고 카운트다운 후 출발. 출발 후에는 다른 곳을 쳐다볼 겨를이 없었다. 앞서가는 동생에게서 떨어질까 등만 보고 계속 달렸다. 팀원인 동생은 엘리트급인데, 페메(페이스메이커)를 할 다른 동생이 접수 오류로 G그룹에서 출발하여 나와 함께 초반 5km를 함께 하기로 했다. 5km가 되어 동생은 치고 나가고, 나는 비슷한 페이스를 찾아서 메뚜기(위치를 옮겨가며 주자들 사이에서 뛰는것)를 뛰면서 갔다. 그러다가 한 '귀인'을 만나게 되었다. 다부진 체격, 3분 55초에서 4분의 정확한 페이스. 흠잡을 데 없는 달리기 자세... 심지어 웜업을 위한 긴팔 잠바를 아직까지 입고 있었다. '이거다' 싶었다. '이 사람한테 못붙으면 희망은 없다' 라는 생각으로 이를 악물고 붙었다.

출발 신호 전까지 체온을 유지하기 위해 안입는 옷들을 입고 가야한다. 출발 직전에 옷을 벗어 주로 옆으로 던져 놓으면, 주최 측에서 수거하여 필요한 곳에 기부를 한다고 한다.

수 킬로를 더 가다보니 팀원 동생이 앞에서 보인다. 동생은 적절한 페메를 못 만난 듯 했다. 4명이 그룹을 만들어 뛰고 있는데 선두를 끌고 있었다. 점점 가까워지며 스쳐지나갈 때 숨이 가빠 말은 못하고 동생에게 재빨리 손가락으로 가리켰다.

'빨리 이 열차에 타'

그때부터 동생이 귀인과 나란히 뛰기 시작했다. 나는 출력이 딸리는 관계로 그 두 명 뒤에 매달려 계속 달렸다. 지금 돌이켜보면 '황제' 러닝이었다. 그 귀인은 주로 운영도 기가 막히게 하였는데 나란히 달리며 앞이 막히면 동생에게 손가락으로 주로 변경을 신호했다. 그러면 그 둘이 주로를 함께 변경하고 치고 나갔다.

우리는 B그룹, 거기서도 중간즈음에 출발한 지라 많은 사람들을 제치고 나갔는데 30km 정도에서 페메 인근으로 많은 사람들이 달리길래 보았는데, sub-3 페이스메이커였다. 우리보다 먼저 출발했던 sub-3 그룹을 앞지르고 달릴 수 있다니...

35km 지점 정도가 지나서 우회전을 하니 정말 사람들 말처럼 앞에 크게 롯데타워가 보였다. 정말 신기했다. 이렇게 롯데타워가 크게 눈 앞에 보이다니... 이즈음 팀원 동생은 치고 나갔다. 뒤에 남겨진 귀인과 나

"자... 우리도 힘냅시다!"

격려하며 페이스를 다듬으려 하니 그 귀인이 자기는 한국인이 아니라고 한다. 알고 보았더니 홍콩에서 왔다고...

"I can do it, you can do it, fighting"

이렇게 외치고 마지막 전열을 가다듬었다. 그런데 잠실대교에 오르기 시작했을 무렵 양쪽 다리에 쥐가 나기 시작했다. 그때부터는 쥐가 난 채로 계속 달렸다. 좀 밀리기는 했지만 마지막까지 최선을 다해 달렸다. 그렇게 마지막까지 무사히 피니시 할 수 있었다. 나에게는 최상의 레이스였다.

최선을 다한 레이스였다. 후회없이 달렸다.

도착 후에는 한참을 울었다.

그동안 너무 마음 고생을 하기도 했고, 힘들어서...

36km지점, 홍콩인 Fan Kai Wing과 함께. 팀원 동생과 함께 찾아가서 인사를 했다.
다시 한 번 대단한 러너와 함께 달릴 수 있어서 감사하다고 전했다.

마지막 고비인 잠실대교

좌충우돌 외과 의사의 **운동초보탈출기**

분할 기록

KM	페이스		고도	심박수
1	4:11		3	162
2	4:02		0	182
3	3:53		-7	187
4	3:54		-7	194
5	3:58		1	192
6	3:55		-11	192
7	3:54		1	185
8	3:56		-1	187
9	3:53		-4	184
10	3:56		-3	177
11	3:56		-2	178
12	3:55		-3	178
13	3:56		-1	176
14	3:55		-2	175
15	3:55		-0	175
16	3:57		2	173
17	3:55		0	174
18	3:56		4	180
19	3:50		2	180
20	3:54		-4	173
21	3:56		-0	173
22	3:56		-3	177
23	3:55		-3	182
24	3:54		-2	180
25	3:54		-5	180
26	3:59		-1	181
27	4:01		7	178
28	3:58		-1	178
29	3:59		-3	180
30	3:58		-2	179
31	3:57		-3	182
32	4:01		-2	181
33	3:57		0	181
34	3:57		0	180
35	4:00		2	181
36	4:04		1	181
37	4:02		7	173
38	4:02		-2	182
39	4:03		-13	175
40	4:07		0	175
41	4:16		-0	181
42	4:13		-1	184
0.3	4:02		-0	184

페이스차트

지난 겨울부터 남들 자전거 탈 때, 다 포기하고 하나만 들입다 팠
는데, 제대로 못하면 어쩌나 걱정을 참 많이 했었다. 개인적으로는
너무나 큰 산이었는데, 좋은 결과로 마무리 할 수 있어서 정말 다행
이었다.

대회 후 친한 선배가 나에게 239(2시간 39분)를 준비해보라. 더
욕심이 나지 않느냐. 이런 저런 채근을 했다. 사람의 욕심은 끝이 없
다고 생각한다. 마라토너라면 여기서 더 정진하여 239를 노려볼 수
도 있겠다만, 기본적으로 나는 마라토너가 아니었다. 나는 최선을
다했고, 지난 겨우내 이것 하나에만 집중, 모두 투자해서 이루어낸
결과이니 여한이 없었다. 또한, 그것을 해내려면 또 얼마나 많은 것
을 갈아넣어야 할지를 알기에...

가슴 속 항상 간직하던 그 글귀

" Your beginnings will seem humble,
so prosperous will your future be. "

이 말을 이루어냈다는 것에 무한한 감사를 드린다.

" 나는 내가 자랑스럽다! "

서울마라톤에서 sub-3 주자에게 한 번만 주어지는 명예의 전당 기념패.
이것을 받기 위해 그렇게 노력을 했다.

06-06
수술과 복막염

내가 꼭 이루고 싶었던 것은 마라톤 sub-3와 철인 풀코스 완주였다. 마라톤 sub-3를 준비할 때도 대회전 부상으로 너무나 고생을 했고, 기회를 놓칠까 참으로 걱정이 많았었다. 적절한 기회라는 것은 잘 오지 않으니까. 나는 마라토너가 아니다. 하지만 철인 ironman 이고는 싶었다. ironman이 되려면 풀코스를 완주해야 한다. 그래서 이번 기회를 놓치고 싶지 않았다. 마라톤의 목표는 이루었으니 이제 군산 풀코스 철인3종대회만 남았다. 달리기는 수준을 유지만 하면 되었고, 수영과 자전거를 다시 집중적으로 하기 시작했다.

그런데 다시금 시련이 닥쳐왔다.

6월 4일인 대회를 한 달여 남겨둔 시점. 주말에 몸살 기운이 찾아왔다. 월요일 아침에 검사를 해보니 충수염으로 수술을 받아야 하는 상황. 부랴부랴 4월 24일 당일에 수술을 받았다. 그러나 합병증으로 한동안 퇴원하지 못했다. 수술 전 4.5였던 염증수치(CRP)가 수술 후 20.6까지 더 올라갔다. 수술 후에 우측 폐에 물도 차고, 양측 폐하부에 무기폐까지 생겼다. 숨을 깊게 쉬면 가슴이 맺히는 통증 때문에 밤새 한숨도 자지 못했다. 해열제를 맞지 않으면 전신 통증이 사라지지 않았다. 뭔가 잘못되어도 단단히 잘못되었다. 게다가 간수치가 오르며 간염까지 왔다. 나중에는 복강내 농양까지 생겼고... 수술 전에는 충수염이 터지지도 않았는데 이런 합병증들이 생기다니... 내가 늘 하던 수술이었는데 도무지 납득이 되질 않았다. 그렇게 2주 가까이 입원하고 상태가 약간 호전이 되었을 때 도저히 입원생활이 버티기가 힘들어 일단 퇴원을 했다. 하지만 퇴원 후 통원치료 중에 상태가 악화되어 다시 병원을 방문하니 복강내 농양이 더 커졌다고 한다.

첩첩산중이었다. 병원에서는 재수술을 하자. 일단 수술로 접근해서 농양을 제거하는 게 좋겠다고 한다. 그런데 다시 수술할 엄두가 나지 않았다. 내가 대장항문외과의사이지만 직접 환자가 되어 오랜 시간 투병을 하다보니 판단력이 흐려져 있었다. 오랜 은사님을 찾아가서 다시 상의를 했다. 현재 상태에서 수술에 들어가면 수술한 지 얼마 되지 않아 장유착이 심할 것이다. 그로 인해 수술이 커질 수가 있고, 지금은 농양이 새어나오지는 않고 주변이 막처럼 둘러싸기 시작한 것으로 판단이 되니, 여기서 증상이 더 악화되지 않으면 지켜보자고 하셨다. 1~2달 지나 다시 검사를 해서 그때 결과를 보고 재수술을 하든 경과 관찰을 하든 결정하기로...

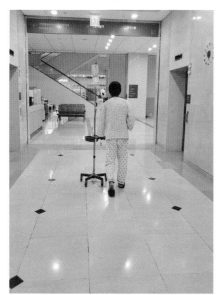

태어나서 처음 받은 수술. 그것도 내가 늘 하던 수술.
그런데 하필 그 수술이 잘못된 탓에 사경을 헤맸다.

한동안 극도로 조심해야 했다. 무리하거나 해서 면역이 떨어지면 농양이 새어나오거나 더 악화될 수도 있었다.

3주가 넘게 아무 것도 못하고 누워만 지내니 몸무게는 58kg로 내려앉았다. 근손실이 장난이 아니었다. 허벅지의 근육은 다 빠져서 덜렁거렸다. 내가 보아도 다리가 너무 앙상해져 버렸다. 잠을 자고 나면 온 몸이 땀으로 범벅이어서 매번 잠옷을 갈아입어야 했다. 침대 밖으로 걸어나와서 식사만 겨우 하는 정도였다. 평소에 무척 건강했던 사람도 단 한번의 투병만으로 이렇게 몸이 만신창이가 될 수 있구나 싶었다.

그동안 운동한 것을 다 까먹은 상황이었다. 그래도 대회를 포기할 순 없어서 자전거를 타보았다. 조금만 페달을 돌려도 피로감이 견딜 수 없이 밀려왔다. 즈위프트에 올라탔으나 얼마 가지 못하고 포기했다. 다리의 잔근육들이 모두 사라지니 페달링 때 장경인대가 심하게 요동치는 게 보일 지경이었다. 체력마저도 바닥이라 하루 종일 앓아 누웠다. 다리는 데미지가 너무 커서 며칠을 제대로 못쓸 정도였다.

코치님과 약속했던 시간은 10시간 30분. 어림도 없었다. 제대로 회복 후 재활하여 풀코스 경기를 치뤄내기에는 기간이 너무 짧았다. 이번 경기는 포기하는 것이 맞을 것도 같았다. 집에서는 사경을 헤메던 사람이 무슨 대회출전이냐고 만류를 했다.

❝ 하지만, 해피엔딩을 맞이하고 싶다. ❞

66

정말 태어나서 처음

정말 처음으로 달리기 대회를 나갔던 시절도 기억이 나고,

첫 바다 수영을 했을 때의 감동도 기억이 나고,

처음으로 철인3종을 경험했을 때도 기억이 났다.

처음으로 sub-3를 꿈꾸었을 때도...

그러한 시작의 염원이 모여서

한 편의 드라마로 귀결되기를 나는 간절히 원했다.

99

마침내 철인3종 풀코스를 완주하다

2023년 6월, 챌린지 군산새만금 철인3종대회

이번 대회는 수영 3.8km, 자전거 180km, 달리기 42.195km 풀코스이다. 한 번도 해보지 못했던 영역.

" 포기할 수 없다. "

대회를 2주 남겨놓은 시점에 운동을 다시 시작했다.

D-14)

양산 올림픽대회에 참가할 예정이었으나 달리기도 제대로 안되는 시점이라 포기했다.

과연 2주 만에 얼마나 회복이 될지 의문이 들었다.

오늘도 자고 일어나니 잠옷은 땀에 젖어있었다.

무언가 모를 불편함과 근육통에 시달리다 어느새 땀에 젖었던 것이다.

체력을 갉아먹으면서 몸 안의 염증과 싸우는 탓이었으리라.

이날 처음으로 10km를 걷뛰로 달렸다.

비명을 지르는 허벅지 근육을 달래가며...

그래도 DNS ^{do not start} 보다는 DNF ^{do not finish} 가 낫지 않겠나 싶었다.

D-11)

투병 한 달만에 10km이상을 걷뛰하지 않고 달릴 수 있었다.
그렇게 아침에 뛰고 나서 하루 종일 아파서 골골댔다.
다른 것을 할 체력적 여유가 전혀 없었다.
운동이란 게 참 허무한 부분이 있는 것이
아무리 몸을 만들어놔도 한 달 드러누워 있으면
모든 성과가 사라진다는 것이다.

누군가는 우승을 위하여,
누군가는 살을 빼기 위하여,
누군가는 완주를 위하여...

각자의 복잡한 속내를 가지고 경기에 임한다.

D-10)

온몸이 부서질 것 같은 느낌이다.
자연적인 재활을 위해서라면 천천히 적응하면 되겠지만
현재의 입장에서는 어쩔 수 없이 강한 운동을 해줘야 한다.
그래도 얼마나 다행인가.
동마때처럼 속도를 올려야하는 무산소영역이 아니라서...

풀코스에 참가하려면 그래도 자전거 장거리를 타보아야 한다.
즈위프트 180km
빠르진 않아도 그 시간을 버텨야 했다.
타다 쉬다, 타다 쉬다를 반복했다.
온몸이 갈려나가는 느낌이다.
그래도 어찌어찌 버텨냈다.

'내 사전에 DNF는 없다'

그것이 내 철칙이었지만, 자신이 없어지기 시작했다.

D-9)

장거리주도 한 번은 꼭 해놓아야 했다. 원래는 3시간주를 하려고 했다. 어차피 속도는 기대하지 않았고, 가벼운 조깅속도로라도 갈 수 있기를 기대했다. 하지만 무리였나보다. 근육도 못 버티고, 체력도 버티지를 못한다. 20km 지점에서 포기하고 철수해야 했다. 이제는 어느 지점에서 DNF를 해야 할지 생각을 해야 할 시점이었다.

D-8)

정말 오랫만에 야외수영을 했다. 게다가 장거리 야외 수영. 그래도 쉬지 않고 무려 4.4km를 해냈다. 이런 장거리는 처음이었다. 속도는 제쳐두고라도 안 쉬고 해냈다는 게 대단했다.

D-7)

역시나 어제 수영을 한 이후 왼쪽 팔이 잘 안들어졌다.

예전 낙차 때 심하게 다친 부위였다. 장거리 달리기에 다시 도전한다. 하지만 이번에도 16km에서 포기. 그것도 걷뛰를 하며 간신히 갔다.

하루 이틀 아픈 것이 아닌

극심하게 아픈 상태가 한 주 두 주 늘어지니

죽음이라는 것이 이런 식으로 오는 것이구나 싶었다.

죽음이 두려운 것이 아니라 현재의 고통을 빨리 끝내주는 것이 더 평온할 것 같았으니까...

그렇게 내게는 죽음이라는 것이 크게 다가온 기간이었다.

D-5)

항상 아랫배가 묵직하고 부풀어있다. 변이 조금만 차도 무언가 설명하기 힘든 불편감을 야기했다. 뱃속은 꾸룩꾸룩 하는 것이 수술장에서 늘 보던, 염증으로 유착이 되어 갈 곳 잃은 창자가 극심하게 요동치는 느낌이었다.

즈위프트 1시간, 달리기 5km

이렇게 오전에 한 시간 반의 운동을 마치고 쓰러져, 몇 시간째 회복중이다.

D-4)

즈위프트 40km, 그래도 파워는 190w를 유지했다.

첫 회복기에 탔던 것처럼 장경인대가 툭툭거리며 크게 요동을 치지는 않는다.

배를 누르면 뭔가 밀려오는 통증도 다소 약해졌다.

D-3)

10km 달리기, 처음으로 5분페이스로 달렸다.

2주 전에 코치님이 군산대회에 갈 수 있느냐고 물었을 때 솔직히 자신이 없는 상태여서 갈 수 있을 확률 반, 못갈 확률 반이라고 말씀을 드렸다. 걱정해주시는 총무님에게도 "대회 날까지는 어떻게든 체력을 올려보겠다."라고 말씀을 드렸다. 어차피 심박을 크게 올려서 하는 전력질주가 아니니 체력만 올리면 되지 않을까 싶었기 때문이다. 대회 전 준비를 하면서 자전거 코스 90km지점에 위치한 스페셜푸드존 이야기가 나왔다. 나는 주먹밥이 아닌 죽을 먹겠다고 했다. 주먹밥은 보급을 받고 바로 출발을 하면 되지만 죽을 먹으려면 내려서 먹고 가야 한다. "자전거 90km 지점까지가 한계일 듯 해요. 거기까지 자전거는 어떻게 타고 가겠죠." 거기서 죽 한그릇 먹고 DNF 하면 안되겠느냐 싶었다.

수영 3.8km

출발 전날

몇 년 간의 노력이 수포로 돌아가는 건 원치 않았다.

기회는 두 번 오지 않는다.

그렇게 마음을 바꿔 먹었다.

자전거 180km

달리기 42.195km

©신현두

투병생활로 너무 앙상하게 변해버렸다

"코치님 총무님 그동안 감사했습니다. 이번주 일요일이 저의 1차 피날레입니다. 2019년도부터 시작해서 킹코스까지가 제가 목표로 했던 길이었거든요. 어디서 DNF할지는 모르겠지만 2주 전만 해도 출전자체가 불가능한 컨디션이었는데, 어째어째 출전까지는 가능하게 된터라 그것만 해도 감사하게 생각합니다. 대회 끝나고는 차마 못할 말들이라... 하하하 지금도 농양이 퍼질까봐 조마조마 합니다만, 그리고 가족들도 만류합니다만... 그래도 지금이 아니면 언제 또 도전해보겠나 싶어서 즐거운 마음으로 함께 하겠습니다!"

이렇게 말씀 드렸다. 그리고 팀원 동생에게는 "내 밤 12시까지 걸어서라도 들어갈테니 기다려라"라고 선언했다.

D-1)

군산 비응항에 도착했다.

전날 시행되는 설명회과 만찬자리에도 참석했다.

race day)

드디어 레이스는 시작되었다.

한 달 넘게 제대로 된 훈련이 이루어지지 못한 몸 상태

그리고 형편없는 체력

'살아만 나오라'

" 나는 항상 최선을 다한다. "

그것이 내 신조였다. 무사히 출수하고 자전거 또한 현재 상태에서 할 수 있는 최선을 다했다. 용쓰면 문제가 생길 것 같아 크게 힘을 내지는 못했다. 그래도 주로가 좋아서 무사히 마칠 수는 있었다. 하지만 달리기가 역시 문제였다. 달리는 충격이 그대로 배까지 올라왔다.

자전거는 몸이 고정된 상태에서 페달링으로 타는 것이니 크게 문제가 되지는 않았지만 조금 달리기 시작하니 통증이 올라와서 페이스 유지가 안 되었다. 결국 10km를 겨우 버티다 그때부터는 걷뛰를 했다. 중간중간에 포기할까 생각이 들었다. 하지만 걸어도 24시 안까지는 도착할 것 같았다.

" 포기하지 말자. "

내가 잘못될까봐 처가의 모든 가족들이 응원을 왔었다. 아침 수영 때부터 마지막까지 하루 종일 자리를 지켜주었다. 전환지점을 지날 때마다 내 이름을 크게 불러주었다. 이보다 더한 응원이 있을까... 정말 감사한 마음이 들었다.

그렇게 마지막까지 걷뛰를 하며 드디어 골인지점을 통과했다.
항상 마지막에 전력질주를 하던 때와는 달랐다.
너무 걸어서...너무 시간이 많이 소비가 되어서...
오히려 피니시를 통과할 때 무덤덤했다.

오늘의 기록은 전혀 중요하지 않았다. 애초에 출전 가능성도 불투명했고, 완주 가능성도 희박했기 때문이다. 하지만 나는 포기하지 않고 완주해냈다. 목표를 이루어내기 위해 무리를 해서 대회에 임

했고, '내 사전에 DNF는 없다'라는 나의 신조를 지켜낼 수 있었다.

철인3종 운동을 할 때 '철인'이라는 닉네임을 붙이려면 풀코스 완주를 해야 부끄럽지 않다고 한다. 나도 이제는 말할 수 있다.

" I'm an IRONMAN. "

나는 항상 최선을 다했고 그러한 염원이 모여서 드디어 한 편의 드라마로 귀결되었다. 항상 가슴에 담아두는 그 글귀처럼.

2023 CHALLENGE
GUNSAN-SAEMANGEUM
wearetriathlon!

2023 챌린지 군산 새만금
국제철인3종경기대회

12:35:30

군산시

전라북도

KOREA
전북철인3종협의

한일장신대학교

CHALLENGE
FAMILY
wearetriathlon!

인간승리!! 이종대
풀코스 첫 완주를
축하합니다.

You are
Ironma...

184

CHALLENGE
KOREA
wearetriathlon!

마침내 나는 풀코스를 완주했다. 내게 빠르고 늦은 기록은 중요치 않았다.

Record

기록지점	시간
Swim	01:26:01
T1	00:07:25
Bike	05:34:16
T2	00:03:33
Run	05:17:59

66 Your beginnings will seem humble,
so prosperous will your future be. 99

I'm an IRONMAN

내가 생각하는 유산소 운동에서의 포트폴리오

유산소 운동으로써 수영, 자전거, 달리기는 매우 훌륭하다. 추가적인 포트폴리오가 더 이상 필요할까 싶을 정도이다.

수영은 바다에서 하는 레저의 핵심적인 베이스 운동이니 수영이 된다고 하면 다른 해양레저를 하는 데 전혀 지장이 없고, 자전거는 자전거에서 파생된 레저들. MTB 하드테일로 국토종주, 올마운틴으로 다운힐, 엔듀어런스로 장거리, 순수 실내에서 즈위프트 등 자전거를 이용한 수많은 액티비티에 참여할 수 있다. 달리기는 모든 ~! 운동의 기초이므로 두말할 나위도 없고...

하지만 여기에서 근력 운동은 무엇을 추가해야할까 생각을 해보았다. 웨이트 트레이닝을 본격적으로 하는 분들은 유산소 운동과는 대척점에 서있으므로 유산소 운동을 그다지 좋아하지는 않았다. 마찬가지로 유산소 운동을 메인으로 할 경우에는 웨이트 트레이닝은 제대로 하면야 금상첨화이지만 아무래도 소화해내기는 어렵겠다. 하지만 근력 운동은 매우 중요하니 몇몇 항목이라도 추가하는 것이 필요하다.

어떤 항목을 하게 되면 좋을지 고민을 해보았다.

1. Pull Up

상체 근육의 종합적인 발달에 매우 중요한 것 같다. 예전 PT를 잠시 받을때 Pull Up 이 얼마나 대단한 운동인지 뼈저리게 느꼈다. 풀업 밴드를 사용해서 겨우 겨우 따라했던 기억이 난다.

2. Plank

코어운동의 핵심근력이다. 근력은 플랭크만 해도 된다는 속설이 있을 정도로... 핵심이다. 노년이 되어도 플랭크만 되면 늙지 않는다고... 자전거를 타든, 달리기를 하든, 수영을 하든 코어가 중요한데 여기에 플랭크는 핵심 중의 핵심 같다.

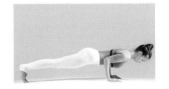

3. Squats

스쿼트 또한 아주 중요한 근력운동이다. 자전거를 탈 때 큰 역할을 한다.

4. Stroke

정말 수영은 자세가 70% 이상 인데, 어릴 때부터 제대로 배운 사람이면 자세도 좋고, 근력도 있으면 금상첨화이겠지만, 자세가 태생적으로 좋지 못할 때... 근력이라도 키워서 물을 잘 밀어내야 한다. 그래서 필요한 훈련이 스트로크 근력 훈련이다.

출처 : swimtraining @ instagram

유산소 운동에 필요한 근력 운동을 꼽는다면 위의 4가지 정도가 되겠다. 내가 생각하는 완벽한 운동의 포트폴리오는 그렇다. 물론 본격적인 웨이트 프로그램에 따라서 함께 할 수 있으면 두말할 나위 없지만, 위의 것만 해도 모두 소화해내기란 정말 어렵다.

앞으로는

돌이켜보면 과거의 내가 지금에 이르리라고는 상상도 하지 못했을 것 같다. 처음에는 자전거 출근이 그 시작이었고, 자전거를 타고, 달려도 보고, 바다에서 수영도 해보면서 하나씩 바뀌어 갔다.

200미터도 겨우 뛰던 예전의 내가 결국 풀코스 마라톤을 완주하리라고는 상상이나 할 수 있었을까? 그리고 평지에서 자전거 출근이나 겨우 하던 내가 끝내 철인3종 풀코스를 완주하리라고 상상할 수 있었을까? 처음에 어렵게 시작한 운동이었지만 포기하지 않은 덕에 또 다른 꿈을 꾸어볼 수 있게 된 것이다.

현재는 요트 면허를 준비 중이다. 알고 보니 그렇게 어렵지 않았다. 시간을 내서 수업만 잘 들으면 면허증을 준다. 내가 생각하는 로망은 요트를 타고 바다에 나가서 맨몸으로 바다에 뛰어들어 수영을 즐기는 것이다. 그것이 현실이 되든 되지 못하든 상상하는 것만으로도 근사하지 않은가.

하다못해 해외여행이라도 가서 그렇게 즐길 수 있을 것이다.

" 나는 앞으로도 무궁무진한 세계에 도전해 볼 것이다."

My gear

나는 주위 사람들에게 이야기할 때, 항상 "기계(템빨)에 의존하자"고 말한다. 맨발로 뛰어서 마라톤을 완주했다고 자랑하는 사람도 있지만, 마라톤이라는 자체가 일상적인 인체 활동도 아닐 뿐더러 맨발로 인해 충격을 계속 받으면 무릎에 부하가 걸리고, 발바닥에 상처도 나며 결국에는 탈이 날 수 밖에 없다.

다리가 상하지 않도록 되도록이면 좋은 신발을 신고 운동을 하는 것이 내 본래 목적에 부합한다. 또한 FTP, 젖산역치, SWOLF, 오늘 추천 훈련량, 휴식일... 이런 복잡한 부분들은 만약 프로선수라면 전문 트레이너가 있어 일일이 코칭이 가능하겠지만, 우리 같은 일반인들은 불가능하다. 그냥 좋은 시계나 차고 운동을 하기만 하면 다 분석해 준다.

우리는 그 수치들이 의미하는 것을 이해만 하고 이용만 하면 된다. 우리는 '동호인'이기 때문이다.

수모

ROKA

수모는 제일 싼 거 사면 된다. 어차피 어느 대회를 나가든 거기서 제공해주는 수모를 사용하게 되고, 어차피 그런 수모가 쌓이고 쌓여서 나중에는 처치 곤란이 되기 때문이다.

고글

arena the one mirror goggles

고글 선택 시 선택포인트는 '거친 움직임에도 물이 새지 않는가'이다. 실내 수영장에서는 물이 들어가면 서서 고쳐 쓸 수 있지만, 오픈워터에서 몸싸움이 많으므로 충격에 바로 물이 새어 들어가면 곤란하다. 보통은 노패킹보다는 고무패킹이 낫다.

부이

STM Buoy

STM처럼 안으로 포켓이 만들어져 물건을 간단히 넣을 수 있는 제품도 있고, 단순히 내 위치를 보여주는 표식으로 사용하는 제품도 있다. 용도에 맞게 구입하면 되고, 수영 도중 다른 배가 나를 인식하는 표지역할로만 사용하는 부이는 알리(aliexpress.com)같은 곳에서 매우 저렴하게 구입 가능하다.

스노클

squalo centersnorkel 3

수영강습도 고려하려면 스노클링할 때 옆으로 탑이 나오는 것은 불편하므로, 얼굴 가운데로 스노클이 위치한 센터스노클이 유용하다. 다양한 제품을 나에게 맞게 사용하면 되며, 해당 제품은 드라이탑(숨구멍 끝에 공이 들어 있음)으로 되어 물이 유입되지 않는 장점이 있어 선택을 했다. 수영장 훈련에 자주 사용하는 장비이다.

오리발

mares avanti excel

바다수영 용도로 대중적으로 쓰는 제품. 좀 더 바다수영에 전문적으로 뛰어드는 동호인들은 카본으로 되거나, 더 넓거나... 다양한 선택지가 있다. 평소 장거리 위주가 아니라면 들고 다니기가 부담스러워서 소위 닭발이라고 불리는 숏핀을 들고 다니기도 한다.

철인3종용 수영으로 가면 거의 사용하지 않는다고 보면 된다. 워낙 강력한 아이템이라 훈련에는 아무런 도움이 안 된다. 나도 처음에 이 오리발을 써보고 내가 수영을 잘하는 줄 알았다.

ROKA men's maverick X wetsuit

대회용 슈트는 비교적 좋은 것을 선택해야 한다. "고수는 장비를 탓하지 않는다"라고들 한다. 하지만 "대부분의 고수는 제일 좋은 장비를 사용한다"는 것은 아무도 이야기해주지 않는다. 고수들도 그러할 진데, 동호인은 템빨(아이템빨)에 의존할 수 밖에 없다. 비싼 슈트일수록 스트림라인을 잘 잡아주고 팔돌리기에 적합하도록 다리쪽은 두텁고, 팔쪽은 얇거나 거의 멤브레인 형식을 쓴다.

고수들에게는 완벽한 팔돌리기 자세가 나와서 괜찮겠지만 대부분의 동호인들은 겨드랑이 부위가 금방 헤진다던지... 내구성이 약한 편이다. 따라서 평소에는 저렴한 슈트를 따로 사서 편하게 입는 것이 좋다.

완전 초급일 때는 앞으로 훈련용으로 쓸 슈트를 먼저 사서 입어보고 대회도 나가고 하면 된다. 그리고 차차 자신에게 맞는 브랜드를 찾아서 블랙프라이데이와 같은 할인 기회를 노려 사는 것이 좋다. 해외 사이트를 잘 기다려보면 할인율이 50%에 이를 때도 있다.

ROKA MEN'S VIPER X SHORT SLEEVE SWIMSKIN

처음 해외 경기를 나가보겠다고 사람들과 준비를 할 때, 오픈워터 시 수온이 높다는 이유로 웻슈트는 착용금지라고 하였으나, 스윔스킨은 착용이 가능하다고 했다. 당시 사람들 사이에 많은 갑론을박이 있었는데, 아무도 스윔스킨의 존재에 대해 명확히 알지 못했기 때문이다. 경기복을 입고 수영을 하라는 건지... 그러면 경기복이 스윔스킨에 해당하는 것인지... 찾아보니 스윔스킨이라는 제품류가 따로 있었다.

부력이 있니마니 여러 의견이 있었지만 실제로 물건을 받아서 보니 뻣뻣한 마대자루 느낌(?)으로(신축성은 있음) 부력을 일으킬만한 소재는 전혀 아니었고, 물에 젖지 않는 재질로 유체저항을 줄여주는 역할을 하는 것 같았다. 실제로 경기복 밖에 입으니 경기복만 입고 수영을 할 때는 옷 자체가 물을 더 머금기도 하고 저항도 있는데, 스윔스킨이 그러한 문제를 해결해주는 것 같았다.

옷에 지퍼만 달려있어서, 혼자 입고 벗기는 힘들 것 같아 고민을 하다가, 지퍼 구멍에 운동화 끈을 하나 달았더니 웻슈트처럼 혼자 입고 벗을 수 있게 되었다.

Trek Speedconcept Projectone

그룹셋 : RED eTap AXS 쿼크 | 바텀 브래킷 : Steel BB90 | 카세트 : 스램 XG-1290 | 체인
링 : 48/35 | 크랭크 길이 : 170mm | 카세트 크기 : 10x28 | 브레이크 캘리퍼 : Speed
Concept Integrated | 휠셋 : ENVE SES 7.8 핸들바 : 본트래거 스피드컨셉 불혼 RXL 베
이스 바 | 모노 익스텐션 : Ergo 그립 짧은 버전 | 새들 : 힐로 프로카본 등으로 구성되어 있다.

Trek Domane SL6

로드자전거를 구입할 때 자신이 타고자 하는 목적에 맞게 프레임 유형을 선택해야 한다. 크게 에
어로, 올라운더, 엔듀어런스로 나눌 수 있는데, 목디스크도 있고 국토종주에 포커스를 맞추다보
니 편안하게 탈 수 있는 엔듀어런스 자전거를 선택했다. 다만 속력을 내거나 업힐에서는 다른 프
레임 유형에 비해서는 많이 불리하다는 점을 감안해야 한다.

나는 TT를 추가로 구입하여 철인3종 운동에는 별 무리가 없었지만 로드 한 대로 운용을 할 예정이면,
에어로 형태의 로드자전거를 사서, TT바를 추가로 달면 굳이 TT자전거를 구입하지 않아도 된다.

스포츠워치

Garmin Forerunner 955 solar

달리기, 수영을 하고자 하면 스포츠워치가 반드시 필요하다. 현재 이 시장에서는 가민이 대표적이다. 가민도 가격에 따라서 제공해주는 리포트가 다르기 때문에 내가 충분한 데이터를 제공받고자 하면 어느 정도 가격대가 되는 철인3종용 가민을 구입할 수 밖에 없다. 프로선수가 아닌 일반 동호인들은 전문적으로 몸 상태에 대한 코칭을 받기 힘들다. 가민을 24시간 착용하면 수면분석까지해서 나에게 맞는 훈련 방향을 제시해준다.

저가형 가민 45s를 써봤는데, GPS를 못 잡아서 애를 먹는 경우가 많았다. 포러너 계열이 철인3종용으로 나왔고, 피닉스 계열은 플라스틱베젤이 아닌 금속베젤을 사용하여 고급 라인으로 분류된다. 여유가 되면 자전거용 가민인 엣지(edge)를 추가로 사면 된다. 자전거용은 500, 800, 1000대 계열로 차별화되어있고, 나는 530, 820 두 가지를 쓴다.

최근에 코로스 제품군이 가성비가 매우 좋게 나와서 다음번에는 코로스 제품(coros pace 2)을 사보려고 한다.

헬멧

Kask Bambino pro

TT를 탈 때는 TT용 에어로 헬멧을 쓰는 것이 좋다. 두상이 작은 사람은 나름 선택지가 많지만, 두상이 큰 경우에는 선택지가 확 줄어든다. Kask의 제품군이 아시안핏이 좋아서 주로 사용한다. 에어로 자세를 취할 때, 의외로 헬멧이 앞으로 흘러내려 시야를 가리는 경우들이 많다. 제품들을 실착을 해볼 기회가 잘 없으므로, 다른 사람이 가지고 있는 제품을 한 번 빌려서라도 꼭 써보고 구입을 해야 한다.

철인가방

OGIO Endurance 9.0 Duffle Bag

다양한 제품군이 있다. 나는 가성비가 좋아서 구입했다.

fizik transiro infinito R3

철인용 슈즈와 일반 로드용 슈즈는 선택포인트에 차이가 크다. 철인용 슈즈는 아무래도 제품군이 많지 않아 선택지가 좁은 편이다. 나는 피직의 트란시로 R3를 사용하는데 R4가 더 저렴하며 일반적으로 많이 선택한다. 최근에는 하이드라라는 제품도 나왔다. 철인용 슈즈는 보아다이얼을 고려하지 않아도 된다. 로드용 슈즈는 선택지가 너무 많다. 나는 주로 이월할인을 많이 해주는 제품으로 샀다. 로드용 슈즈는 비싼 제품일수록 카본이 많이 들어가고, 보아다이얼 갯수가 많아진다.

러닝화

Nike Alphafly Next% Flyknit

신발 선택은 너무나 어렵다. 보통 레이스용과 훈련용으로 구분해서 쓴다. 레이스용은 보통 내구성이 떨어지는 편이어서 대회 때만 매우 아껴서 신었다. 사람에 따라서는 구분 없이 사용하기도 한다. 주위의 훈련하는 사람들이 선호하는 브랜드의 제품군들을 쓰는 것이 좋다.

하지만 고려해야 할 사항은 다른 사람들이 칭찬하는 제품군이라 할지라도 내가 실착을 해보고 장거리를 뛰어보면 안 맞는 것이 꽤나 많다는 점이다. 그리고 신발이 계속 버전이 바뀌게 되는데, 올해 버전의 신발이 나에게 딱 맞다 하더라도 내년 버전부터는 나에게 맞지 않아서 낭패였던 적도 있다. 그래서 나에게 딱 맞는 훈련화를 만났을 때, 몇 켤레를 한 번에 사두고 쓰는 편이다.

스트라바로 800km 알림세팅을 해놓고, 세팅 거리에 이르면 부상방지를 위해 달리기용으로는 사용하지 않고 떨어질 때까지 일상화로 신는다. 현재 훈련용으로는 나이키 줌플라이4와 아식스 매직스피드를 신고 있다. 나이키 줌플라이1이 나왔을 때 저렴하면서도 (아울렛에서 7만 원대) 달리기용으로 딱이어서 사람들에게 인기가 많았는데, 최근에는 다들 가격대가 높아지고 있다. 레이싱화는 비싸도 자주 신지 않으면 기간을 오래 가져가는데, 훈련화는 그렇지 못하다 보니 자신에게 맞는 것으로 찾아야 하는 어려움이 있다. 괜찮은 훈련화를 만나면 몇 켤레를 한 번에 사놓자.

Garmin HRM-pro plus

최근에 러닝다이나믹스까지 분석해주어서 구입을 했는데 가격이 비싼 편이다. 이전에 Polar H10, Wahoo Tickr, Garmin HRM-dual 등을 사용했다. 손목시계형보다는 체스트형 심박계를 선호하는 편으로 Wahoo Tickr가 가성비가 좋은 편이다.

스마트롤러

Tacx Neo 2T Smart

아카데미나 전문시설에서 스마트롤러를 사용하면 가장 좋다. 불가능한 경우 야외 라이딩은 시간적, 공간적인 제약뿐 아니라 날씨의 영향도 많이 받으므로 자전거 훈련을 위해서 스마트롤러를 구입해 사용하는 것도 좋다. 나의 정확한 파워 인식과 목표설정이 가능하기 때문이다.

Neo bike나 wahoo bike처럼 완전체인 스마트바이크도 있으나, 내가 대회에서 실사용할 자전거 피팅을 고려한다면 뒷바퀴에 직결식으로 체결하는 방식이 낫다. 탁스 네오 2T 및 와후 키커가 최상급이지만 와후 키커 코어 같은 더 저렴한 라인업을 사도 훈련에는 전혀 문제가 없다.

경기복

Zerod사의 racer MAN TTSUIT

처음에는 투피스 형태가 낫지 않을까 했는데, 투피스는 잘못 입으면 웻슈트를 입고 벗거나 전환에서의 액티비티 때 상의가 말려 올라갈 수도 있다. 투피스를 원할 때는 그런 점을 고려해야 한다. 원피스라서 소변 보는 부분이 힘들지 않을까 했지만, 남자의 경우에는 상의를 벗지 않아도 되도록 설계가 되어 있다.

다만 여자의 경우에는 원피스를 모두 벗어야 하므로 투피스 형태가 나을 수도 있겠다. 뒷 호주머니가 에너지젤을 넣고도 사이클링이나 달리기 때 빠지지 않는지 반드시 확인해야 한다.

선글라스

Rudy Project Exception impact X2 photochromic laserblack LX

달리기를 할 때 강한 햇빛을 피하기 위해 선글라스는 필수이다. 시력이 정상인 사람들에게는 선택지가 많지만 근시를 가지고 있는 경우에는 선택지가 많이 줄어든다. 일반적으로 선글라스 내에 도수클립을 부착해서 사용하게 되는데, 초고도근시로 가게 되면 도수클립 사용마저 불가능하다. 도수클립과 선글라스 렌즈의 곡률차이로 인한 왜곡으로 어지러움을 유발하기 때문이다.

이쯤 되면 대부분 콘택트렌즈 착용을 권유받는다. 그러나 대회 때는 콘택트렌즈를 착용하면 되지만, 평소 운동 시에도 콘택트렌즈를 착용하는 것은 여간 번거로운 일이 아닐 수 없다. 이때 가능한 방법이 도수안경에 선글라스클립을 부착하는 형태의 제품을 사용하는 것이다. 나는 루디 프로젝트 익셉션 제품을 사용하고 있으며, 루디 프로젝트 임펄스도 같은 형태의 제품이다.

러닉스 웨이스트 벨트

러닝 때 열쇠나 핸드폰 보관이 항상 문제인데, 처음에는 핸드폰을 팔에 거치하는 제품을 사용했더니 너무 불편했다. 이후 허리에 착용하는 방식의 러닝벨트를 구매했는데, 끈조절이 되지 않는 방식을 샀더니 S, M, L 사이즈 선택을 해야 했다. 이때 사이즈 선택을 잘못하여 다른 사이즈로 중복 구매를 했다. 그 다음으로 끈 조절이 되고 버클로 체결하는 방식을 샀더니 무거운 핸드폰을 견디지 못해 처지고, 일정 기간 사용하다보면 고무밴드 재질로 된 끈 조절 부위가 늘어나 더 이상 쓸 수가 없었다.

또한, 러닝벨트는 방수가 되는지도 보아야 하는데, 그런 제품들은 땀에 방수가 되지 않아서 항상 핸드폰을 비닐봉지로 한 번 싸서 넣어야 했다. 이런 점들(허리 착용, 사이즈 조절, 방수)을 고려해서 선택하면 된다. 현재는 러닉스 웨이스트 벨트를 사용하고 있다.

팔토시, 다리토시

Enerskin사의 제품

자신에게 맞는 사이즈를 구매하는 것이 중요하다. 사이즈가 작아서 지나치게 압력을 가하게 되면 혈류순환이 방해를 받아 경련을 유발할 수도 있다.

출처 : Enerskin 홈페이지